宮田珠己の

楽しい建築鑑賞

宮田珠己 著・写真 傍島利浩

X-Knowledge

はじめに

特定の建築をこよなく愛する人がいる。決して建築家や専門家ばかりではない。本来建築とは無関係な人までもが建築に惹かれ、自らの鑑賞体験をＳＮＳで発信したり、出版物を制作したり、同好の士を募ってイベントを行ったりと、幅広く活動する姿が、昨今多く見受けられるようになった。

この本では、そうした建築鑑賞を趣味とする愛好家たちに、その思いを存分に語ってもらったインタビュー集である。

彼らはいったい何に惹かれ、何を魅力と感じているのか。その本音に迫ってみようという企画である。

彼らが鑑賞するのはヴィンテージマンションや団地、ビル、庁舎建築、キャバレー建築、灯台、ゲタバキ団地などといった大きな建築物であったり、なかには小屋や公衆トイレのような小さな建物の場合もある。それだけはない。建築から派生して、エスカレーターや吹き抜けといった設備や内部空間を鑑賞する人がいたり、エアコンの室外機、配管、送水口、テラゾーにまで人々の審美眼が発揮されていたりするのを知ると、よくぞそんなところに着目したものだと驚きを禁じ得ない。建築が、まるで魚のように頭から尻尾までむさぼり尽くされている印象だ。

本書で取り上げた以外にも、まだまだ多くの鑑賞家やマニアたちが、独自の視点で街を探索していて、そのすべてを取り上げるにはとても紙面が足りなかった。それほど建築鑑賞は広大な裾野を持つ世界だった。

話を聞きながら、そんなものを見ている人がいるのか、そんな見方があるのかと、毎回自分の狭い世界認識がアップデートされる思いだった。中には話を聞いても著者の頭では魅力が理解できないものもあって、それはつまり、それだけこの建築鑑賞の世界は多様であり、個性に満ち溢れた世界なのだという言い方もできそうである。

普段の暮らしの中で、毎日のように目にしている建築物に、これほど無尽蔵な魅力が埋もれているとしたら、われわれの住む街はもはやワンダーランドと化した、否、今も昔もずっとワンダーランドだったと言っていいかもしれない。

インタビューを終えて感じたことは、建築はこう見なければいけない、これが正しい鑑賞法だというようなものはない、ということだ。門外漢だろうが素人だろうが、誰もが自由な感性でそれを鑑賞していいのである。

それは実にワクワクすることではないだろうか。

宮田珠己

Contents

NO.3
NO.2
NO.1
NO.5
NO.4

デザイン　梶原結実（ひとつぶ）
編集　佐藤美星
印刷　TOPPANクロレ株式会社

本書は月刊【建築知識】2023年4月号から2024年4月号まで掲載した連載『建築鑑賞ワンダーランド』を加筆修正し、再編集してまとめたものです。

Welcome to Wonderland

Architectural Appreciation

1

秀和レジデンス※の昭和なかわいさ

秀和青南レジデンス

APPRECIATION

秀和青南レジデンス

所在地は東京都港区南青山4丁目18-3。1968年3月竣工の8階建て、総戸数76戸のマンション。管理形態は常勤管理体制、夜間のオートロックもあり、安心。

※ 秀和レジデンスとは1957年に設立した不動産会社・秀和株式会社が建設し販売した一連のマンションの名称。

建築の専門家でなくても建築鑑賞を趣味とする人は少なくないが、最近はその内容が多様化し、いわゆる有名建築家の作品や歴史的建造物というのではなく、従来はあまり着目されていなかった建物や構造を鑑賞するマニアックな人たちが増えている。

彼ら市井の建築好きはいったい建築のどこを見ているのか。専門家でないからこそ見えている魅力といったものが、そこにはあるのではないか。そんな仮説をもとに、建築鑑賞を趣味とする人たちの声を拾っていきたい。

彼らの視点を知ることで、見るべきものなど何もないと思っていた街の風景が突然輝きを帯びて見えてくるかもしれない。

第1回でとりあげたいのは秀和レジデンス。

秀和レジデンスは主に1960年代から'80年代にかけて建てられた、青い瓦屋根に白い塗り壁、アプローチのタイルなどに特徴があるヴィンテージマンションである。

主に都内を中心に130棟以上が建てられ、その南欧風とも呼ばれる特徴的な外観にはファンも多く、築50年前後経っているにもかかわらず、今ではマニアサイトまで登場するほどだ。その魅力はいったい何なのか、秀和レジデンスマニアhacoさんの声を聞いてみた。

「(魅力を)ひとことで言うと、かわいいということなんですが、いろいろ見ていくと、こだわりが見えてくるんです」

そう言ってhacoさんは写真を見せてくれた。たとえばモルタル塗りの白い壁。ラフウォールといって、一面に凹凸がついているのが特徴だが、これが棟によって模様が違う。花のようだったり、鳥のようだったり、蝶やキリンの斑、さらには文字のような模様が浮かんでいるところもある。なかには同じ壁の上部と下部で模様を変えている棟も。それぞれの現場で左官職人が自由な発想で仕上げたものだろうとhacoさんは推測する。すべてのマンションを丁寧に見たからこその発見である。

アプローチに敷き詰められたタイルも、丸いパターンが連続するが、よく見ると色が違った

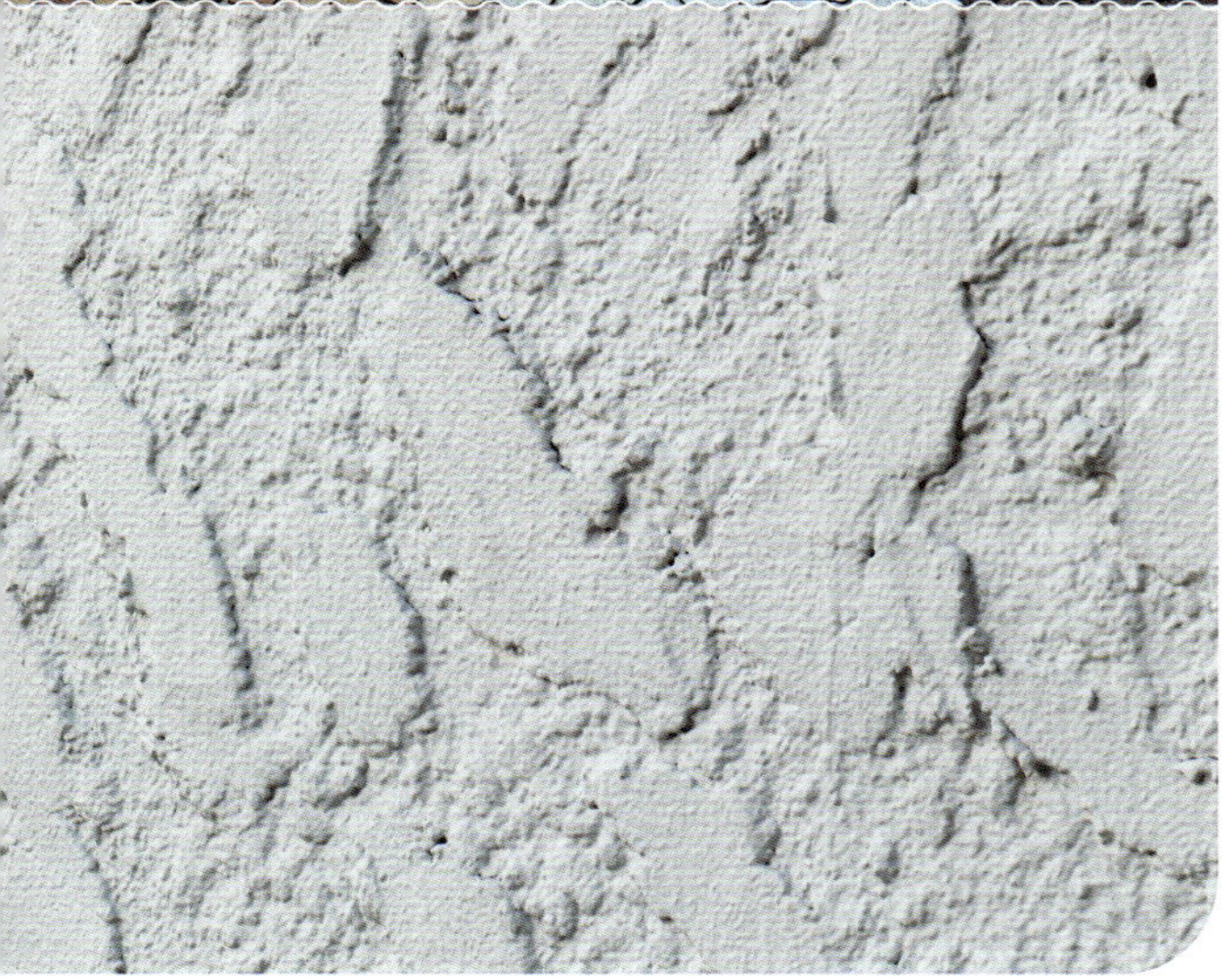

上）アプローチに敷き詰められたタイル
下）モルタル塗りの白い外壁

り、間に波形がはさまっていたり、それぞれ微妙に異なっている。

「各レジデンスごとに違った工夫があるのがいいですよね」

とhacoさん。

さらには、窓の面格子やバルコニーの手摺などに使われる金物。S字だったり丸だったりたくさんのアールがついているのが特徴だが、見比べるとその形状はひとつひとつ違う。

「遊びがあるんです」

たしかに遊びがあるのは分かる。ただ、

「なんとなく古い感じがしてしまうんですが」

と正直な感想を伝えてみると、

「たしかにイマドキじゃないですよね。今はシンプルで機能的なデザインのマンションが多いですが、秀和はコストカットしている部分もありつつ、お金をかけるところはかけてるんです」

関西で生まれ育った私は、最近まで秀和レジデンスのことを知らなかった。ただ、小学生の頃に青い塔屋と白い壁のマンションに住んでいたことがあって、そのことをつい思い出してしまい、それが古さを感じる原因になっている気がする。hacoさんによれば、私が住んだマンションは某ディベロッパーが秀和レジデンスのマネをしたものだということだった。

「昭和レトロみたいなものに憧れる気持ちもあるんでしょうか」

そう聞いてみると、まさにhacoさんが秀和レジデンスにハマったきっかけが、昭和レトロ趣味からだった。

「高校生の頃に、代官山にあったポップチューンていう雑貨屋さんが大好きでよく行ってたんですよ。'80年代のファッションとか全然ぐっとこなくて、'70年代の変な柄のシャツとかワンピースとか、そっちのほうがかっこいい！　みたいな。そのとき、お店の前に昭和のお城みたいな大きなマンションがあって、すごいかわいい、何これ、って思って。その後それが秀和レジデンスという名前のシリーズマンションだと知り、街歩きしているときに見つけたら写真を撮り集めていました」

「ポップチューントーキョー」は、昭和レトロなかわいい乙女っぽい小物や洋服を扱っていた雑貨屋で、hacoさんの'70年代のテイストへの憧れが、秀和レジデンスと共振したわけだ。

「撮ってるうちに、はじめは気づいてなかった良さが見えてきて、どんどん気になりだして、夜はステンドグラスが光できれいに見えたりするので、夜に行ってみたりとか。気づいたら全部見たいって思う

右）手前の道路から秀和青南レジデンスを見る
左）バルコニーの手摺などに使われる金物に遊びがある

Architectural Appreciation

ようになりました」

そんなhacoさんの案内で、秀和レジデンスのひとつを見に行くことに。

秀和青南レジデンスは、表参道のほど近く、赤秀和とマニアの間では呼ばれているらしく、通常の青でなく赤い屋根が特徴だ。

円内）窓を守る十字の格子

上）植木を囲むタイルが盛り上がっている　下）秀和レジデンスの象徴、青い屋根がある場所もある

入口から見上げる外観はお城のよう。なかでも螺旋階段が印象的である。hacoさんによると、この螺旋階段も敢えて壁で囲って雰囲気を出しているとのこと。窓の形も、上が丸く、十字の格子が入っていて修飾的だ。

さらにここがいいと教えてくれたのは、植栽である。タイルが盛り上がって植木を囲んでいる。タイルをこんな形にデザイン上の齟齬なく張り付けるのは難しそうだ。

なるほどこういうマンションに住んだら、自分の部屋の中も好きなもので目いっぱい飾りたくなりそうである。今まで、シンプルに理性的に住まうのがかっこいいと知らず知らず思わされていたかもしれない、そんな気持ちがこみあげてきた。

エントランスに入ると天井からシャンデリアが下がっていて、懐かしさを覚えた。そういえば幼少期、自宅のリビングにはシャンデリアが下がっていた。当時は当たり前に思っていたが、現在の自宅リビングにシャンデリアはない。いつの間に決別したのだろう。

秀和青南レジデンス内部は天井が低いのも特徴的だ。それでもステンドグラスがあるなど、精一杯におしゃれしている。

エレベーターで屋上にあがる。なんでも秀和レジデンスは、バルコニーに洗濯物を干すことが禁止されているそうで、屋上が共同の物干し場なのだそうだ。そういえば私が住んでいたマンションもそうだった。あれは秀和スタイルのマネだったのか。

屋上からはトレードマークの塔屋が間近に見上げられた。

上階のベランダから見えるアプローチのかわいいタイル模様

「初期の秀和レジデンスを設計された方に話を聞きに行ったときに、塔屋はなんであの形なんですかって聞いたら、かわいいから、っておっしゃってました」

とhacoさん。設計者もかわいさを意識してデザインしていたらしい。確信犯なのだ。自分にはこの塔屋をかわいいと感じる感性がないのだが、少し角度のついた屋根が帽子のように見える点が、かわいいといえばそうなのかもしれない。

思うに、私が昨今の昭和ブームに乗り切れなかったのは、それがちょうど自分の親世代の普通だったからで、たいていの場合、親世代のファッションや流行は、子どもからは古臭く感じられるものである。ひと世代下のhacoさんとかみ合わないのは当然だ。

とはいえ、まったく分からないわけではない。小さなこだわりが散りばめられているものには、流行りすたりを超越した魅力がある。秀和レジデンスにも、数寄屋建築のような味わいが感じられた。たくさんの微細な工夫によって構成された迷宮。

「ちなみに秀和レジデンス以外にもいいなと思う建築物はありますか」

と尋ねると、

「ギザギザしたマンション」という答えが返ってきた。

それは全戸同じ方角に傾けて壁面がジグザクになっていたり、斜面に建っているせいで各階層がちょっとずつずれて、外観が階段状になっていたりするマンションのことだそう。写真も見せてもらったが、そこには幾何学的な美しさが見てとれた。

「栄螺堂《さざえどう》※みたい」とhacoさんは言う。

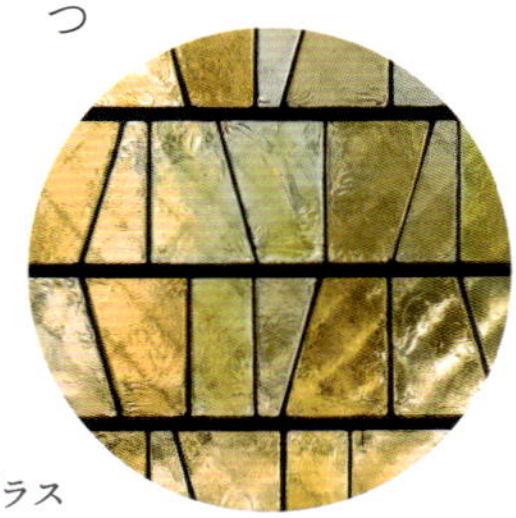

さまざまな黄色が使われたステンドグラス

街なかにある芸術作品のようだ、とも。
分かる気がする。シンプルでのっぺりした表情のものは退屈。そんな思

※内部が螺旋階段で構成された仏堂。斜めに傾いた梁など幾何学的に異様な外観に特徴がある。

Architectural Appreciation

上）屋上からトレードマークの塔屋を見る　下）お城の内部のような螺旋階段
円内）エントランスに懸かるシャンデリア

エントランスから天井を見上げる。シャンデリアが壮観

いの底には、コスパばかり考えている委縮した世相への反発も、こめられているのだろうか。

かつて秀和レジデンスが好きな人を集めたイベントを開催したことがあり、そのときは5人ぐらいしか来ないのではと怖れていたら、60人も集まったそうだ。共に登壇した人と、昨年『秀和レジデンス図鑑』を出版した。そこでは実際に住んでいる人へのインタビューも掲載されていて、秀和レジデンスに惚れこんで物件を探していた人が少なくないことがわかる。

それぞれに好きな理由は違うのかもしれないが、多くの人の心をつかんでいるのは確かなようだ。

hacoさんは今後、各秀和に住んでいる人たちを集めた交流会ができたらいいなと考えている。

NAVIGATOR

haco

古い建物、特に秀和レジデンスをはじめとしたヴィンテージマンションが好き。サイケデリックでキュートなスイーツを製作するpsychedelic sweets spicaとしても活動中。共著にトゥーヴァージンズ『秀和レジデンス図鑑』(谷島香奈子、haco)

インスタグラム：https://www.instagram.com/lilycats25/

団地の用の美

祖師谷住宅

APPRECIATION

祖師谷住宅

所在地は東京都世田谷区祖師谷2丁目5。1955年から'56年にかけて建設された。約7万㎡の敷地に37棟1千20戸を擁する大規模な集合住宅団地。老朽化が進んだことから順次建替えを予定している。管理はJKK東京(東京都住宅供給公社)。

世の中には団地をこよなく愛する人がいる。その存在を初めて知ったとき、まったく共感できなかった。団地なんて地味だし、没個性的だし、エレベータがなかったりもして、実際に住むならマンションのほうが快適なように思えたからだ。いったい団地のどこに魅力があるというのだろう。

そこで今回は団地マニアである小林良《こばやしりょう》さんにお願いし、その疑問をぶつけてみることにした。小林さんとは一度いっしょに街歩きをしたことがある。その際、彼が団地を見つけて興奮していたので、「団地なんて普通じゃないですか」と思わずつっこんだところ、「普通だからいいんじゃないですか」と返されたのである。そのときの会話はそこで終わったが、以来私のなかで「普通だからいい」とはどういうことなのか、腑に落ちることなくずっと引っかかっていた。今回あらためて尋ねたところ、

「住むためのインフラとしてつくられたのが団地なんですよ」

小林さんはそう答えてくれた。

「その目的のために無駄なものを省いて省いてできた結果があの型式で、最初に見たとき、〝なんだこの研ぎ澄まされた、旧共産圏みたいなストイックな様式美は〟、と感動したんです」

「用の美というやつですか」

「そうです。デザインをしない美ってあるじゃないですか。とくに'70年代までにつくられた団地がいいんです。'80年代以降になると民間のマンションにすり寄ってきた感じがあって、それまでスッピンでかわいかったのに化粧を覚えちゃったみたいな。そうなると興味なくなるんで

すよ」

なるほど。普通がいいと言っていたのは、飾っていないという意味だったのか。

「かわいいタイル張りもいいけど、まったく白一色の汎用品のタイルの良さっていうか、たぶん予算のこともあったと思うけど、スタンダードなほうがかっこいいと思うんだよね。調べてみると、実は前川國男さんとか当時の名だたる建築家が公団と組んでマスタープランつくってたりするんですよ。高度経済成長期は、国家レベルでインフラを一気につくっていた時代。その、〝素晴らしい普通〟をつくりあげてやろうじゃないかという情熱が熱い」

小林さんの言葉にも熱がこもる。

「ノスタルジーみたいな感情もあるんですか」

「いや、ノスタルジーはないですね。完全に見た目です。ディテールに惹かれます。高度成長期のがいいっていうのも、調べてみて後からわかったことです」

小林さんは団地好きが高じて、実際に団地を購入して住んでいる。そもそも団地に惹かれるようになったのは、現在の奥さんと付き合っていた頃に出会った、ある団地がきっかけだったそうだ。

「彼女が阿佐ヶ谷に住んでいて、遊びに行くとき、今はもうなくなりましたけど、阿佐ヶ谷住宅の横を通っていたんです。そこだけなんか雰囲気が違って米軍ハウスみたいで、ここは何だろうと思って調べたら、団地だった」

以来、団地が気になるようになり、あれこれ見ていくうちに、古い公共の集合住宅が、階数表示のフォントや、階段のタイルなどのディテールがかっこよく、萌えを感じている自分に気がついたという。

　そうして結婚時には新居に団地を選んだ。奥さんの父親からは「娘を団地に住ませるなんて」と言われたが、小林さん自身は、購入した団地が憧れていた晴海高層アパート（今はない）とほぼ同じ間取りだったため、前川國男型じゃん！　と大興奮していたという。そこには世代的な意識の違いも見えてくる。

「昔の世代の人たちのなかには、古着とか着たくないっていう人もいるんだけど、今の若い人は古着に抵抗なくて、ハイブランドの服と古着を合わせて着るなんて普通のことで、むしろオシャレなぐらいでしょ。それと同じで、古い建築を住みこなすみたいなこともありなんじゃないかと思うし、それはお金がないからじゃなくて、そのほうが住み心地がいいんだっていう意味で、無理してないぶん、逆にかっこいいな、と」

　無個性な団地だからこそ、むしろ自分流にアレンジしやすいということなのかもしれない。

　そんな小林さんがおすすめの団地のなかから、令和9（２０２７）年より順次建て替えられることが予定されている祖師谷住宅を案内してもらった。昭和30（１９５５）年から翌31年にかけて建設された37棟の大規模な集合住宅である。

　現地に到着するなり、

「ここにはね、ＪＫＫ東京が建てた第1号の給水塔があって、その色が冬の空に合うんですよ」

と教えてくれた。たしかに青い徳利《とっくり》型の給水塔があり、印象的なフォルムが青空に映えてい

飛び込み台のような点検口

た。私の見たところ、団地好きな人のほとんどは給水塔も好きだ。団地のランドマーク的存在であることや、今ではポンプ性能が向上し、今後新設が見込めないために、遺産としての価値も認めているようだ。

「途中に飛び込み台みたいなのが見えますよね。あれは点検口で、転落防止の丸い柵とかにモダニズムの美学を感じます。当時、公社もかなり力を入れて設計したんじゃないかな」

小林さんは、さらにその先の団地の住棟番号を指差し、

「数字が浮いてて、きれいなシャドーが出てるのがいいですね。最近こういうのないんで」

青いとっくり型の給水塔

と指摘。そんなところにまで注目するらしい。団地によっては、住棟だけでなく集会所や交番にも番号がふられているところがあって、萌えポイントだそうだ。

「数字に萌えるんですか？」

上）団地のナンバーが壁面に影を落とす
下）タラップ型の28番の住棟

「だって建物がナンバリングされてるんですよ。熱くないですか」

わかるようなわからないような……。そしてその22番の建物の前で小林さんは強調した。

「個人的にはこの住棟が一番好きです。建物の上に庇がなくて、豆腐に窓があるような感じが、ソリッドで美しい」

たしかにその棟は外観がシンプルで視覚に訴えてくるものがあった。窓以外に余計なものが何もないのだ。他の棟は庇があったり配管が出ていたり、もう少しごちゃごちゃしている。同じ団地内でもデザインには違いがあることを初めて知った。

その後28番にくると、小林さんのコメントはさらに熱を帯びていく。

「これ、タラップ型と呼んでるんですが、かっこよくないすか。最初見たとき息を呑みました」

その建物は他とは異なり2階建てで、飛行機のタラップのような階段がついていた。'70年代までの様式で、都内でももうほとんど残っていないそうだ。

「階段を斜めにする必要なんかなくて、雨に濡れないようにもできたはずなのに、かっこよさ優先でつくったんじゃないかと。祖師谷には給水塔とこれがあるんで紹介したかったんですよ」

当初は冷静だった小林さんがどんどん浮足立っていくのが可笑しい。この人は団地が心底好きなのだ。

管理人さんに頼んで団地の集会所を見せてもらった。

その際も、小林さんは「このルーバーがめちゃめちゃかっこいい」と外側のデザインをべた褒め。

団地の敷地内にあるマンホール（JKK東京の旧ロゴ）

「住棟は統一基準になりがちなので、集会室と給水塔と公園遊具に、クリエイター魂が炸裂するんですよ」

公園遊具に関しては、残念ながら現在は新しいものに更新されていてかつての姿は見られなかったが、昔は抽象彫刻みたいななんだかわからない形の遊具がたくさんあったそうである。

集会所の中に入ると、小林さんは今度は床のテラゾー（47頁参照）を指し、

「これは職人さんが現場で流し込んで磨いてるんです。戦前のビルはこういう仕上げがほとんどだったんですが、今は職人がいなくなってできない」

そう言って嘆息したかと思うと、給湯室の流し台のロゴにも注目。

「最初に流し台をつくったのがサンウェーブなんですけど、このロゴの下に《公共住宅型》って書いてありますよね。これがまさに一番最初のタイプで、この頃は1枚のステンレスに圧力をかけてつくる技術がなくて、ステンレスを接合してつくってるんです。当時はこれでもすごい技術で、公団につくれって言われたけどなかなかできなくて、工場に完成しますようにってお札を貼ってやっと成功したという、いわくつきの流し台です」

そんなマニアックなエピソードまで披露し、しまいには管理人さんに、

「これ、そんなにすごいの？　もっと詳しく教えて」

と教えを乞われる始末。その後もトイレを覗《のぞ》いたら覗いたで、

「あ、この人研《じんと》ぎの衝立《ついたて》すごい。いいもの残ってた。それとこっちの洗面台のロゴはこれはT

給湯室にあったサンウェーブのロゴ

上）人研ぎの衝立てがすごいトイレ
下）集会室の内部

豆腐のような姿

OTOが東洋陶器だった時代の旧ロゴですね。この縁《ふち》のある洗面台は今はもうなくて……」

どんどんのめりこんでいく小林さん。情報量が多すぎて、ついていけなくなってきた。とにかく団地への愛がひしひしと伝わってくる。話はどこまでも終わらないので、私なりにまとめると、一番印象に残ったのは、団地を豆腐と表現したことだ。そう言われてみて、団地のシンプルな美しさが少しだけわかった気がした。

NAVIGATOR

小林 良 Kobayashi Ryo

団地好きが高じて団地を購入。「マニアパレル」というマニアのためのニッチなアパレルを手がける。DVD「団地日和」「東京ビルヂング」を制作。共著に『いいビルの世界 東京ハンサムイースト』（大福書林、2017年）

Twitterアカウント：@BAD_ON

Architectural Appreciation

3

室外機のカオス

湯島ハイタウン

APPRECIATION

湯島ハイタウン

所在地は東京都文京区湯島4丁目6－11。春日通りに面して建つA棟とB棟からなる、地上16階建て総戸数429戸のSRC（鉄骨鉄筋コンクリート）造の大規模マンション。藤田組（現・株式会社フジタ）によって1970年に竣工。

建築観賞の世界では、ヴィンテージマンションを好む人もいれば、古い建物にノスタルジーを感じる人や、モダニズム建築が好きという人、著名な建築家が設計した物件を追いかける人などその嗜好はさまざまである。そんななか、個々の建物ではなく、特定の構造や設備などに熱い視線を送る観賞家も最近増えてきた。

今回話を聞いたのは、大学で景観デザインを教えるかたわら、世界を飛び回って、グッとくる建築や土木構造物を追い続けている八馬智《はちまさとし》さん。2021年に『日常の絶景』〔学芸出版社。2023年からテレビ東京系列でドラマ化された〕を出版し、そのなかでエアコンの室外機ほか、飲食店や生産施設における配管など、付帯設備の魅力を語っている。

室外機の魅力とはいったい何だろうか。

『日常の絶景』から言葉を借りると、室外機そのものではなく、「室外機のちりばめられた壁面」を鑑賞するのだという。たくさんの室外機が等間隔に整然と設置されている様子や、逆にランダムに置かれた配置の妙を愛でるのだそうだ。

「室外機のコレクターがいて、その人が自分のコレクションを展示していると勝手に見立てているわけです。実際にはそんな人はいないので妄想ですが、そうやって見ていると、どういう展示の癖があるかという見方で見るようになってきたんです」

「つまり、並び方を見ているんでしょうか」

「そうですね。きっちりグリッド状に並んでる場合もあれば、ランダムに並んでる場合もあって、それは（架空の）コレクターがきっちりした性格なのか、勢いを大切にする人なのか、と勝

手に妄想することで見方が広がってくるんじゃないかと思うんですね」

実を言うと、私も室外機にハッとすることがある。おびただしい数の室外機が張り付いているマンションとか、小さい建物なのに釣り合わない数の室外機がくっついていたりするのを見ると、胸の奥の何かが反応してしまう。だが、それがいったいどういう感情なのか、自分でもうまく言葉にできないでいる。

八馬さんは、それを敢えて誰かの意図があってそうなっていると解釈することで、腑に落ちたということだろうか。

「私も室外機の魅力を感じ取っている気がするのですが、それってそこに美を見ているんでしょうか」と聞いてみた。

「美に近いのかもしれないけど、美ではないと思います。ひとつ言えるのはカオスの魅力ではないかと。あとは言うなら、計画されたものからはみ出したもの。自由意志、無秩序なんだけども、そこにある種の意志

シンガポールのカオス的室外機群（撮影：八馬智さん）

みたいなものが感じられるんじゃないかと」

「なるほど。それは時代的なものなんでしょうか」

「それも多少あると思います。現代はネットが発達したことで、趣味も多様化細分化していくし、自分が好きなものを発信できるようになって、偏った趣味が露出するようになりましたね。それにＳＮＳを通じて同じ思いをもつ人が賛同するようになり、今までいいとされてなかったものを、いいと言える状況が整ってきてると思いますね」

「ということは、以前から気持ちのなかにあったものが出てきていると……」

「ですね。言語化できなかったものが出てきている」

「人間にはもともとそういう風景を愛でる性質があったわけでしょうか」

「カオスのなかに居心地のよさを感じる、きっちりしたもののなかでは息苦しさを感じるというのはあると思う。猥雑な街が好きな人は昔からいますよね。それと同じだと思います」

面白いのは、設計者はカオスなど狙っていないということだ。室外機で魅了しようなどと建物の設計者が考えているはずはなく、むしろ隠したいぐらいに思っているだろう。鑑賞者は、そんな設計者の思いとは関係なく、勝手に見ている。両者の間には齟齬《そご》があると言えるわけだが、その齟齬こそを面白がっているのである。

『日常の絶景』では、室外機以外にもさまざまな構造物や設備が取り上げられているが、八馬さんの視線は常に設計者の狙いとは一線を画している。

たとえば配管。飲食店や生産施設の裏側に見られる、ガスや排気のダクトが整然と並んでいたり、無数に入り組んでいたりする様子は、たしかに設計者が意図していなくても、なんだかかっこよく見えることがある。

室外機や配管以外でも、大きな建物の避難階段、耐震補強の骨組み、立体駐車場の螺旋状のスロープ、無数の消波ブロックが並ぶ光景や、港湾に積まれたたくさんのコンテナなど、決して見せるために造られた構造物ではないのに、妙に見る者の印象に残る写真が多く掲載されている。

おそらく、誰もが注目していたとまでは言わなくても、なんとなく見入ったことのある風景だ

伝統的な千鳥配置で組んだ京都市の室外機（撮影：八馬智さん）

ろう。

なかでも私がハッとしたのは、建築ではないが、山の急斜面や崖などが崩れてこないようにコンクリートで固めた山腹工《さんぷくこう》の写真だ。まるで斜面に灰色のネットをかけたような姿は、一般的には醜悪なものと考えられている。しかしそのパワフルで圧倒的な光景は、ある種の見ごたえがあり、愛でる対象として十分に成り立つように思えた。

湯島ハイタウンA棟のグリッド状に並んだ室外機

設計する側が見せることを望んでいない人工物にも、人を魅了する何かがあるのだ。

このように『日常の絶景』は数々の刺激的な視点にあふれているが、そのなかにひとつ、どう見ればいいのか理解できないものがあった。

神社仏閣や大聖堂などの有名な建築が、改装工事のために足場と養生シートですっぽり覆われている写真だ。わざわざ建築を見るために出かけたのに、改装工事中とはなんと間が悪いのだろう、がっかりだよ、って声が聞こえてきそうな光景である。

八馬さんはそれを「ラッピング名所」と名づけているが、これを面白がるのはなかなかハードルが高い。せっかく現地に見に来たのだし、ちゃんと建築物が見たい。それがラッピングされていたらがっかりするだけではないか。この魅力はどこにあるのだろう。

しかし、どうやらその問い自体が間違っていたようだ。

八馬さんがSNSに「ラッピング名所」のハッシュタグを立てたとき、私はたまたま撮ってあった高さ60メートルぐらいの大観音が補修工事のため足場に覆われていた写真をアップしたことがある。「ラッピング名所」のコンセプトに共感したわけではなかったが、ちょうどおあつらえ向きの写真があったので載せてみたら、自分でもこの大観音のラッピングはなかなか面白いと思ってしまったのである。

「自分で何が面白いのか分からないと思いながらも、あの写真はよかった気がします」

八馬さんも私の投稿を見たらしく、あれはよかったですね、と言って、

ラッピングされた大観音（撮影：宮田珠己）

「そうなってくると、見方が育ってきたということになるわけですよ」

と解説してくれた。

つまり同じラッピングされた建物でも、ピンとくるものとこないものがあるということは、「ラッピング名所」に対する私の見方が生まれつつあるということなのだ。

『日常の絶景』の魅力とは、自分が育てるものらしい。

「では、最初は室外機や配管も見方が定まってなかったんですか」

「そうです。見方が分からないときはスルーしていた風景なわけです。それをなんとか搦《から》め捕《と》ろうとして、見方を探っていくんです」

八馬さんは『給水塔』などの写真集で有名なベッヒャーのタイポロジー※に影響を受けたという。特定の対象物を一定の作法で撮影し続けることで、何かが見えてくる。そこに『日常の絶景』の秘密がある。

「写真を撮るという行為自体が鑑賞に結びついているんです。ただ眺めるだけでなく、写真を撮ることで観察の意志が定着する。そういう意味では、写真がデジタルになってコストをかけずに

※ドイツの写真家夫妻・ベッヒャーの作品に示される。ある一種の工業建築物のいくつかの写真を組み合わせ、比較し関連づける写真の複合体のこと。「タイポロジー」は「類似学」の意。

駐輪場から上空を見上げる

上）ベランダがないので室外機が露出して見える
下）室外機に気づくかどうかで風景の見え方が変わる

撮れるようになったのが、大きいですね」

たしかに風景に対する面白い見方が増えてきたのは、ＳＮＳと同時にデジカメやスマホが普及したことと関係がありそうだ。

「写真に撮っておくと、そのときは気づかなくても、後から気づくこともあるし、並べてみたときに違いに気づいて、見方を獲得することにつながることもあるんです」

魅力があるから室外機を撮るのではなく、撮っているうちに魅力が発見されたのである。

さて、ずいぶん前置きが長くなってしまったが、ここで室外機の絶景スポットを八馬さんに案内

青空に映える（？）室外機

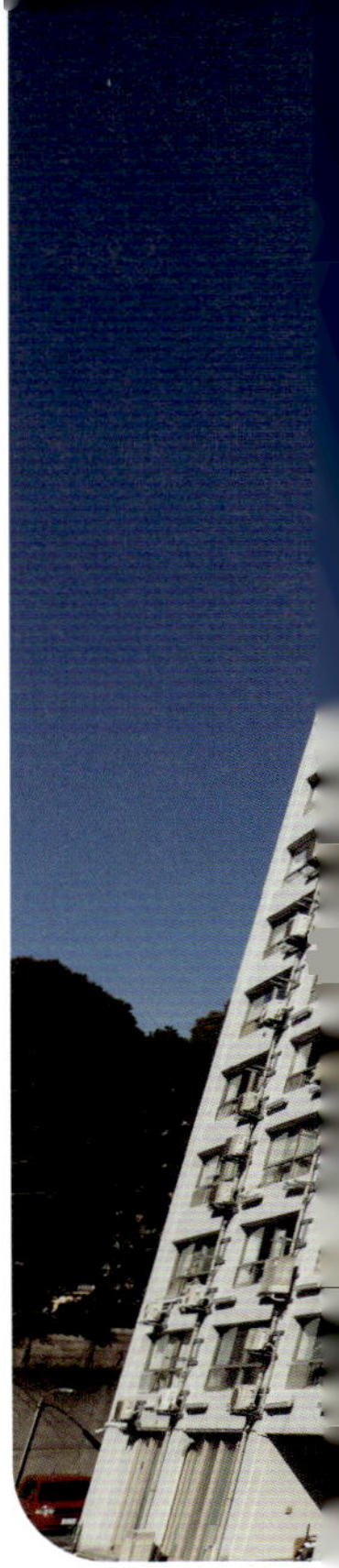

してもらった。場所は湯島ハイタウンである。A・B 2棟ある高層住宅の壁面に室外機が等間隔で設置されている。

その数は2棟合わせて300はありそうだ。おびただしい数の室外機の群れ。そのスケールと並びを鑑賞する。ところどころ室外機のない窓もあって、それが逆にリズムを生んでいるように見える。

「ここはベランダがないんです。だから室外機が露出して見える。そういうつくりもいいんです」

室外機など注目したこともない人はこれを見ても何とも思わないかもしれない。これを鑑賞する感性は、いくつも見ていくうちに育つのだ。

NAVIGATOR

八馬 智 Hachima Satoshi

1969年千葉県生まれ。千葉工業大学創造工学部デザイン科学科教授。専門は景観デザインと産業観光。千葉大学にて工業意匠を学ぶ過程で土木構造物の魅力に目覚め、建設コンサルタントの株式会社ドーコンに入社。土木業界にデザインの価値を埋め込もうと奮闘した。その後、デザインの教育研究に方向転換したものの、社会や地域の日常を寡黙に支えている「ドボク」への愛をいっそうこじらせた。現在は本職のかたわらで都市鑑賞者として日々活動しながら、さまざまな形で土木のプロモーションを行っている。著書に『日常の絶景 知ってる街の、知らない見方』(学芸出版社、2021)などがある。

Architectural Appreciation

4

テラゾーのいじらしさ

東京交通会館

APPRECIATION

東京交通会館

所在地は東京都千代田区有楽町２丁目10-1。1965年に竣工した15階建ての複合ビル。飲食店、アンテナショップ、ギャラリー、パスポートセンターなどが置かれている。設計は三菱地所設計、施工は大成建設。

今回のテーマはテラゾーである。

某出版社で私の担当編集者である瀧亮子《たきあきこ》さんが、テラゾーをこよなく愛しているというので話をうかがった。

本題に入る前に、そもそもテラゾーとは何だろうか?

実は瀧さんと知り合うまで、私はテラゾーを知らなかった。建築業界とは無縁の私には、耳にしたこともない言葉だったのだ。

調べてみると、砕いた天然石をセメントモルタルに混ぜて研磨した建材のことらしい。大理石に似せてつくられるので人造大理石とも呼ばれている。建物の壁や床などに使われることが多いそうだ。

瀧さんに写真を見せてもらい、ああ、これのことか、と膝を打った。ビルや駅の壁や床でよく使われている、石とコンクリートの中間みたいな、ちょっとテカった建材だ。そのほか児童公園の滑り台や水飲み場なんかでもよく使われているとのこと。

たしかに子どものころに遊んだ市営プールの滑り台がこれだった。テカっているから滑りそうに見えるが、案外そんなことはなく、滑り台を無理やり滑ったら、水泳パンツのお尻が破れてしまった。小学生にとってパンツに穴があくほど絶望的なことはなく、以来、無意識にテラゾーのことは見ないようにして生きてきたかもしれない。

それで、正体は分かったけれども、さらなる謎が浮かんだ。

これ、魅力あります?

いや、すみません。テラゾー業界の方々には大変失礼なコメントと知りつつ、思わず聞いてしまいました。だって地味じゃないですか。

しかし瀧さんは、きっぱりと答えてくれた。

「テラゾーの魅力は人がつくっているところです。あらかじめパネルをつくってきてハメ込む

JKK東京・祖師谷住宅のテラゾー

場合もありますが、ビルのエントランスなどでは現場で石を並べて、セメントを流して詰め、職人さんが磨くところもあります。それだけ手間がかかっている。職人技なんですよ」

平らに均《なら》すだけだから簡単なのかと思ったら、そんな甘いものではないらしい。

「磨いて磨いて泥団子みたいにピカピカにしていくんです」

たしかにテラゾーはどれもテカっている。あれは磨き込んでいる証だったのか。

瀧さんはさらに、テラゾーは決して地味ではないと主張する。真鍮《しんちゅう》の目地で区切ったり、場所ごとに使う石材やセメントの色を変えたりすることで、自由なデザインができるのだという。実はいろんなバリエーションがあり、文字や絵が入っていたり、派手な色やデザインのものもあるそうだ。

「黒石の散りばめられたゴマっぽいテラゾーもあるし、ナッツ入りのアイスみたいなテラゾーもある。池袋にはふりかけののりたまみたいなテラゾーもあるんです」

「たとえが食べ物ばっかりじゃないですか」

「おいしそうなんですよ」

「おいしそう？」

困惑する私に、

「配色が好きなんです。本をつくるときのお手本にすることもあります。ガラスや貝の入った

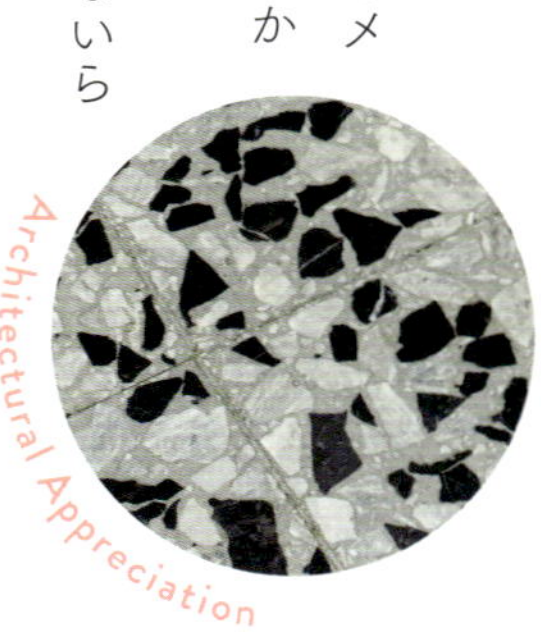

東京交通会館の床のおいしそうな（?）テラゾー

テラゾーもきれいですよ」

と言い訳のように付け足した。配色が食欲をそそるのだろうか。

「そもそも瀧さんはいつからテラゾーに注目するようになったんですか」

そう尋ねると、以前勤めていた会社で手がけた本で知ったと教えてくれた。満員電車に乗って地下鉄駅に着き、階段を登りながら、このつまらない通勤時間はなんとかならないのかと頭を抱えていたとき、駅の壁や床を見て、テラゾーの魅力に気づいたという。

「テラゾーは大理石っぽいんですが、実際は大理石ではありません。それを大理石に似せようとしている背伸び感がいいんです」

考えもしなかった視点だ。

「つまり判官びいきのようなことで

千葉県夷隅郡・大多喜町役場のエントランスの床のテラゾー

しょうか？」

「はい。あまり目をかけられない日陰者の存在だからこそ、味方したくなるというか。作品と思ってつくっていないものを、作品のように見るのが好きなんです」

工芸品や民芸品に美を見出した柳宗悦のような感性である。

「テラゾーだけでなく、天井のスパンドレルなんかも見ていました。あれも好きですよ」

スパンドレルとは防火用の金属化粧板のことで、アルミニウムなどでつくられる。これまた地味な構造物だ。

「スパンドレルの何が面白いんでしょう？」

「金属の新素材＝宇宙とか未来という刷り込みがあった時代の夢というか、昔見た未来に対するワクワク感みたいなものが、残っている気がします。でも今はその夢はもうなくなって、来なかった未来がそこに放置されている。そんな切なさを感じませんか」

「つまり、レトロフューチャーな魅力を感じるわけですか？」

「そうかもしれません」

私はスパンドレルを見ても何も感じないが、言いたいことは分からなくもない。ある種のノスタルジーなのだろう。

「テラゾーもノスタルジーで見ているんですか？」

と聞くと、瀧さんは、渋谷駅が新しくなる前にハチ公前交差点側の入口から銀座線に上がる階段があったのを覚えているか、と逆に問いかけてきた。たしかに古い階段があったのは知っている。

「あそこは階段の壁がテラゾーで、面取りまでしてあって手が込んでいました。真鍮でできた階数表示も床にあったんです。でもこのたびの再開発でなくなって、もうなくなったんだと思う

テラゾーが真鍮の目地で区切られた、東京交通会館の床。
上の写真が1階、下の写真が地下1階

と、悲しすぎてしばらく渋谷に行けませんでした。戦前の凄い建物とか有名建築家の作品は残そうという声があがりますが、テラゾーでそんなことを言う人はいない。一時代を映す資料なのに誰も記録すらしていないので、ならば自分が撮っておこうかなと。そういう使命感みたいなものはあります」

予想外の答えだった。

誰かが記録を残しておかなければ記憶から失われてしまう。そんな使命感で追いかけていたとは。

たしかに私も瀧さんに言われなければ、渋谷駅の階段など一生思い出さなかっただろう。

「だからもし私以上に記録を残している人がいたら、追いかけなくなるかもしれません」

瀧さんに、今も残るおすすめのテラゾーを案内してもらうことにした。最初に向かったのは、有楽町の東京交通会館だ。

東京交通会館の1階フロアは床全体にテラゾーが張られており、赤っぽい大きな石を埋め込んだ床と、青みがかった同規模の石を埋め込んだ床が真鍮の目地で仕切られて交互に並んでいた。なるほどきれいな表情である。きれいだが、通行人でそこに注目している人は誰もいなかった。ほとんどの人にとってそれはただの床の模様にすぎない。おそらく建物を出れば、床がどんな

有楽町線の柱。優しい色合いをしている

デザインだったかも覚えていないだろう。それでも職人さんたちは細部までこだわって仕上げたのだと思うと、愛着が湧いてくるのは分からなくもない。

続いて訪ねた銀座一丁目駅では、東京メトロの方に案内してもらった。その若い社員さんも、テラゾーの撮影依頼は初めてです、テラゾーが何か知らなかったので勉強してきました、と言っていた。そうだろうそうだろう。ふつうはそんなところに注目しない。

有楽町線銀座一丁目駅、出口8のエスカレーター隠しのテラゾー

エスカレーターと階段を隔てる壁がテラゾーで仕上げられているというので見物したが、ほかの駅の壁がどうなっていたかまったく思い出せないため、その良さを実感することができなかった。ただ、なんとなくお菓子の断面のように見えて、食べ物でたとえてしまう瀧さんの気持ちが分かった気がした。おいしそうとまでは思わないが。

その後、ホームの柱の基部のテラゾーがぷっくりと盛り上がっているのを見る。あらためて指摘されて気づいたが、基部が盛り上がっている柱は実は結構見たことがある。ただ、どこだったかは記憶に残っていない。なぜ盛り上がらせたのかは瀧さんも分からないようだった。

ただ、

「四隅の盛り上がりが均等でなく、それがまたいいですよね」

とのことで、その膨らみを見ていると、有機的というか、ぬくもりが感じられたのだった。

「有楽町線はテラゾーがいいから好きです。駅の色も統一されていて、クリーム色のシャツとカジュアルな茶色いチノパンのようなイメージで、いい人そうじゃないですか」

何？　いい人そう？　また分からない比喩を……。

「有楽町線の駅は、みんな好きなんじゃないかなあ」

瀧さんはうれしそうに語るのだが、私にはほかの路線の駅とそんなに違わないように見えた。

いまだときどき話が嚙み合わないが、それでも興味の核のようなものは理解できた気がする。色合い、やわらかみ、日陰者の存在だからこそのいじらしさ、そして職人技へのリスペク

有楽町線の柱の拡大。クリーム色の地が綺麗

トと、記録しなければという使命感。
満員電車で通勤中のギスギスした時間に、テラゾーに思いをいたすことでふっと力が抜けて、自分もやさしい気持ちになれるとしたら、それはそれで素敵なことだと思った。

NAVIGATOR

瀧 亮子 Taki Akiko

出版社・大福書林代表。まだ世によさを知られていないユニークな文化(アート、手仕事、信仰、思考など)について、本ならではの形で出版している。テラゾー観察が高じて、最近は地下鉄駅や地下鉄車両の内装に関心をもっている。夜長堂との共著『メトロタシケント』(大福書林、2020)は、ウズベキスタンで地下鉄全駅を訪ね歩いた地下鉄駅建築記録写真集。

駅内の柱の基部。テラゾーがぷっくり盛り上がっている

Architectural Appreciation

5

吹き抜けはユートピアに建つ塔

東京国際空港 第2ターミナル

APPRECIATION

東京国際空港 第2ターミナル

通称・羽田空港。東京都大田区にある国際空港。1931年に「東京飛行場」として開港した。78年の成田国際空港完成に伴い国内線を中心として利用されていたが、2010年からは第3ターミナルも設立された。第2ターミナルは2004年に松田平田設計・NTTファシリティーズ・シーザーペリ共同企業体により設計され、2009年には中村拓志氏が南側増築エリアの商業デザインを監修した。建設、管理・運営は日本空港ビルデング株式会社。

2023年、東京の日本橋高島屋にて「モールの想像力」展が開催された。ショッピングモールの可能性に着目した画期的な展示だ。

監修したのは、フォトグラファーでライターの大山顕《おおやまけん》さん。大山さんは思想家・東浩紀氏との共著『ショッピングモールから考える』でも、展示と同様の論旨を展開している。そこでは、ショッピングモールが古くからある商店街を虐げる存在だとする従来の批判を覆し、むしろそれは小さい子どものいる家族や高齢者に優しい公共空間としての役割を担っており、世界のどの都市でも、政治や文化、宗教、階層ほかあらゆるイデオロギーの違いを超えて、誰もが均質のサービスを受けられる点で、大きな可能性を秘めていると評価している。

とても刺激的な考察で、このままショッピングモールの魅力について話を聞いてもいいぐらいだが、私はそれらのなかで大山さんが吹き抜けについて言及している点にそそられた。彼は世界各地で撮影した吹き抜けの写真集も出しており、これがとくに面白かったからだ。これまでにも団地や工場、立体交差／ジャンクションなどに着目し、作品を世に送り出してきた大山さんだが、吹き抜けはとりわけユニークな着眼ではないだろうか。吹き抜けに真っ向から取り組んでいる人を、私はほかに見たことがない。

というわけで今回はショッピングモールにおける吹き抜けをテーマに取り上げたい。

その前に、まずは大山さんのショッピングモールに対する考えをもう少し理解しておく必要がある。

「商業施設のデザインは、モノを買わせるためではなくて、そこで過ごしてもらった結果としてモノが売れるというのが理想的だと。ぼくはそれを商業空間デザインの第一人者ジョン・ジャーディに学んだんです」

と大山さんは語る。

「さらにジャーディはそこで人間が過ごして楽しいことの一番は散歩なんだと言っている。それにぼくはぐっときていて、そういう意味でいうと、モールこそが商店街の正当な後継者といえるんです」

商店街の魅力はぶらぶら散歩できるところであり、モールにもそれがあるというのは、たしかにその通りだと思う。

「一時期、モールは古き良き商店街を破壊した戦犯と言われてましたけど、大店法の成立した経緯とか年代を見ると正確ではなくて、モールができたのは大店法のあとなんで、大店法が問題にしたのはスーパーとかデパートなんですよね。

だから今（デパートではなく）モールのほうがふつうにインフラになっているというのは、本質が商店街だからなんだろうと。商店街が20年30年かけてこなれてきて地元に密着するところを、エンジニアリングによって一晩で達成するのがモールなんです」

大山さんの論考が画期的なのはここからだ。それは「モールの想像力」展でも『ショッピングモールから考える』のなかでも述べられているのだが、モールとは内と外が反転した場所だというのである。モールは建物の中にある商店街であり、従来の商店街では外にあった街路や、建物の外にあった看板もすべて内側に繰り込まれ、逆にモールの外側は駐車場など殺風景な空間になっている。吹き抜けを理解するためにもこの点はとても重要だ。

「内部が街だとすると」

大山さんは言う。

「モールのファサード（正面）ってどこだろうと考えたときに、吹き抜けがそれだと思ったんですね。ストリートを歩いていくと、向こうのほうに吹き抜けが見えるというのは、要するに、吹き抜けという建築物がストリートの先に建っているということ。何もない空間なんだけど、何もない空間という塔が建っている。そう考えると吹き抜けの内側は、反転したファサードといえるんです」

面白い。吹き抜けを塔と考えると、曖昧だった存在が俄然立ち上がって見えてくる。

実は私は以前からなんとなく吹き抜けが好きで、それは狭い建物のなかで広々と気持ちがいい場所だという程度の理由だったのだが、吹き抜けを塔と見るならば、それこそモールのシンボルであり顔ということができ、それぞれのモールの個性を見てとれるようになる。各地の吹き抜けを並べて鑑賞したい気分だ。自分が吹き抜けの写真集に惹かれた理由も腑に落ちた。

「大山さんが好きな吹き抜けはどこですか」

と聞いてみた。そこに行ってみたい。

「日本だと博多のキャナルシティですね」

思わず頷いてしまった。キャナルシティなら私も行ったことがあり、迷路のような錯綜した空間は歩いていて本当に楽しかった（厳密にはあそこは天井がないので吹き抜けではないが、行ってみれば体

3階に吊るされた垂れ幕状の千住博氏による作品『風の渓谷』が美しい

感的には吹き抜けと同じであることが分かる）。

そしてこのキャナルシティこそは、大山さんが師と仰ぐジョン・ジャーディの設計によるものだそうである。

上）4階から吹き抜けを見下ろす
下）エスカレーターを降りる

「ジャーディの商業施設は、地中海のテラコッタぽい色とテクスチュアが前面に出ていて、建築の人たちは、こういうのあるよねで片づけちゃうけど、彼の本質は意匠じゃなくて、街路の構成と道筋で人をどう迷子にするかってところにある。キャナルシティのぶらぶら歩いて迷子になれる空間は何度見ても素晴らしいし、今も古びていません」

迷子になれる空間は私も大好きなので、とても共感できた。

「大山さんにとって、いい吹き抜けとよくない吹き抜けがあるとすれば、その基準は何ですか」

「吹き抜けは街の広場であり、（そこで催事が行われたときの）観客席でもあるんです。だから広場として魅力的に作られているかどうかというのがまずひとつ。なんとなく適当な催事が行われているのを見るとがっかりします。どういうプログラムをやるかを考えられてデザインされているところはいい。惰性でつくってほしくない。

もうひとつは、ストリートの先にある建築としての空っぽな空間を感じさせる吹き抜けであるかどうか。

惰性でつくってるやつだと、吹き抜けの内側はファサードとして考えられてない。エスカレータのつきかたとか、その裏とか側面のデザインとか、観葉植物の置かれ方とかが、吹き抜けのほうを裏だと思って設計・管理運営されてるところがときどきあるんですよ。液晶のでかいフロア看板とか、吹き抜けに背中を向けて置かれがちで、それは吹き抜けのことをわかってない。吹き抜け側が表なのに。そういうのを見るとがっかりします」

たしかに吹き抜けがただの巨大な竪穴になっていて、エスカレータが貫いているだけみたいなビルは少なくない。

「モールを設計している人に話を聞くとすごいノウハウがあって、こなれた商店街が結果として提供しているものを造ろうとしているように見えるんですよね。こういうタイミングで飲食店があるといいとか、このぐらい行ったところに飲めるところがあるといいとか。そういう空間の楽しさを象徴して、そこで建築として立ち上がっているのが吹き抜けである、というのがぼくの解釈なんです」

とても論理的だ。大山さんの考えは、自分でも理由はわからないけど好き、というような衝動とは別物である。

「ぼくはモールだけがいいと思ってるわけじゃなくて、モールを通じてわかることがいっぱいある、都市とは何かとか、なぜ人間は歩くことが楽しいのかとか、を気づかせてくれるから興味があるので、モール自体が好きというのとは違います」

それは鑑賞であると同時に、批評でもある。その意味ではマニア的な視線とは一線を画している。

ちなみに今回のインタビューは、どこか吹き抜けのある場所で、と大山さんに打診し、羽田空港第2ターミナルで行われた。ターミナルの中心に、地下1階から5階までを貫く巨大な吹き抜けがある。2階より上は、ガラス張りの窓に覆われた、とても明るい空間だ。

吹き抜けの上部はガラス張りの窓に覆われていた

「空港とモールとテーマパークはよく似ているんです。滑走路なんて人間が歩いてはいけない場所なので、外は事実上無で、中しかない。もっと言えば、羽田空港を利用していて羽田の街を歩いたことある人なんてほとんどいない」

大山さんは、そこにモールのもつユートピア性を重ね見る。

「舞浜のイクスピアリに吹き抜けがあって、その壁にイスラム庭園の絵が描かれているんです。砂漠に住む人たちが、砂漠の中で快適に生きていける空間を夢見たのがイスラム庭園なので、イクスピアリも埋立地のような（砂漠同様の）茫洋とした場所にあって、ここにパラダイスを造るんだっていう意識が、直感的に、あの絵を描かせたのではないかと解釈しています」

まさに吹き抜けは、内側だけのユートピ

外から見た羽田空港の吹き抜け

大山顕さん撮影の吹き抜け。内部に街があって、外部には事実上なにもないというモールの特徴は宇宙船や宇宙コロニーに似ている。吹き抜けが持つその「宇宙コロニー感」を表現するために、ぐるりと見回して撮った数十枚の写真を合成して全体を無理やり一枚に収める。この写真は49枚のショットの合成

アであるモールを象徴する場所なのである。

話はどんどん広がって、イスラム庭園まで登場した。この後もゾンビの話まで出てきて興味は尽きなかったのだが、あっという間に紙面のほうが尽きたので、詳しく知りたい方は『ショッピングモールから考える』を参照してほしい。

吹き抜けは予想以上に奥深いものだった。

NAVIGATOR

大山 顕 Oyama Ken

写真家／ライター。1972年生まれ。工業地域を遊び場として育つ。千葉大学工学部卒業後、松下電器株式会社（現Panasonic）に入社。シンクタンク部門に10年間勤めた後、写真家として独立。出版、イベント主催なども行っている。著書に『工場萌え』（石井哲との共著、東京書籍、2007年）、『団地の見究』（東京書籍、2008年）、『ショッピングモールから考える』（東浩紀との共著、幻冬舎、2016年）、『立体交差』（本の雑誌社、2019年）、『吹き抜け』（本の雑誌社、2019年）『撮るあなたを撮るわたしを 自撮りとスクショの写真論』（講談社、2024年）など。

Architectural Appreciation

6

働く人たちをサポートする小屋

松輪漁港《まつわ》

APPRECIATION

松輪漁港

神奈川県三浦市、三浦半島にある松輪《まつわ》漁港。サバ漁やキンメダイ漁などを得意とする漁師たちの漁船が集まる。

「小屋」好きな人の気持ちは何となくわかる。小屋という存在は隠れ家的であり、自分だけの城として楽しめそうだからだ。

ただ、1200以上もの小屋の写真を撮り溜めてきた遠藤《えんどう》宏《ひろし》さんの思いは、それとはまたちょっと違うようだ。住みたい建築物としての小屋ではなく、働く人をサポートしているところに惹かれるというのである。

話を聞く前に、まず小屋とはどこまでのものを指すのか押さえておきたい。結論から言うと、はっきりとした定義はないらしい。建築基準法にも記されておらず、つまり小さな建物を慣習的に「小屋」と呼んでいるだけのようだ。

では遠藤さんはどういう建築物を小屋と考えているのか。

「柱があって屋根があって、ものを収納する機能があれば、壁はなくても小屋だと考えています」

え、壁がなくても小屋？

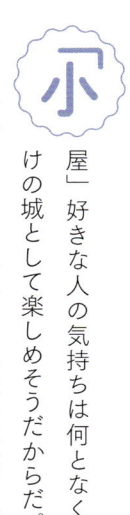

「淡路島では玉ねぎを乾燥させるのに小屋の中に吊すんですが、その小屋に壁がないんですよ。でも乾燥させたり収納したりするという機能を満たしているので、小屋といっていいだろうと」

「建物の用途を見ているわけですね」

「そうです。逆に人が住んでいる小屋は敢えて撮りません。小屋というと山小屋とかガレージとか、そっちをイメージされる方が多いのですが、働く人たちをサポートしている小屋を中心

上）松輪港の漁師が使う道具などがしまってある小屋
下）小屋の中で働く漁師さん

ウインチを収納する小さな小屋

に、僕は撮っています」

なるほど。小屋なら何でもいいわけではないのだ。

「大きさの基準はありますか」

「小さいのはまさに犬小屋みたいなサイズのものもありますね。たとえば漁船を陸揚げするためのウインチを収納する構造物は、ほんとに小さくて腰よりも低いぐらいですが、モノを収納していて屋根がかかっているから、小屋だと考えています。逆に北海道のコンブを干す建物には2階建てで住宅ぐらいあるものもありますけど、それも小屋かなと思います。モノを収納する建物には、蔵と納屋と小屋がありますが、そのうち納屋や小屋は、使う人が自分たちで廃材を使って建てたりするので、建築のカテゴリーに入れてもらえないことが多い。そういう蔵まではいかない小さい建物を、僕は撮影対象としています」

遠藤さんの小屋の定義は、一般的な定義とは少し違っていた。

「遠藤さんはそういった小屋のどこに惹かれているんでしょう。やはり見た目ではなく機能なんですか？」

「機能も見た目もです。佇まい、形状、それからロケーションも大事かな。たとえば漁港にある小屋は、畑の中の小屋と同じ形では建っていない。漁港にあって働く人たちをサポートするためのその形状なので、立地によって形が規定されるところが面白さでしょうか。

あとは、実際ディテールを見ていくと、トタンの錆《さび》だとか、廃材の使い回しとか、つぎはぎだったりとか、サビサビになったトタンの上に無造作に新しいのを打ち付けている大雑把さとか、住宅だったらあり得ない、そういうところに所有者の人となりや温もりみたいなものが、その場に人がいなくても感じられるのが面白いなと」

ふむふむ。なんとなくわかってきた。思っていた以上に深みのある話だ。ポツンと存在する佇まいがかわいいとか、そんなレベルの話かと想像していたら、人間の話だった。

「そもそもなぜ小屋を撮ろうと思ったんでしょう」

「2017年に、秋田県の三種町《みたねちょう》に蓴菜《じゅんさい》の撮影に行ったとき、畑の脇に掘立て小屋があって、〝休憩しよう〟と言われて中に入ったら、蓴菜って水に手を入れて手摘みするので、体を温めるために火が焚かれていたんです。そこに鍋がかかってるのを見て、痺れたんですね。演歌のポスターが貼ってあったり、畳が敷いてあってそこに枕が置かれて休憩できるようになっていたりとか、労働をサポートする空間が広がっていることに驚いて……」

遠藤さんの口から〝サポート〟という言葉が何度も出てくる。

その眼差しは、小屋を通して人々の暮らしを垣間見るだけにとどまらず、人と小屋との有機的なつながりに向けられている。

「小屋を見るときに、特にここに注目するというポイントはありますか」

と尋ねると、遠藤さんはしばらく考えて、

上）青空の下に映える黄色い小屋

下）3方が開いているが、これも「小屋」

「扉の掛金って、ふつう南京錠を使うんですけど、あるときそのへんに落ちてる木の枝を差しているのを見て感動したんですね。所有者は鍵になるものを探してたと思うんですよ。南京錠を買うほどではない、泥棒が入って荒らされるわけでもない、でも扉がバタバタするのは避けたい、というときに木の枝を差したと思うんです。観察してみると、針金とか、ボルトとか、それぞれその人がベターなものを差している。

もっと言うと、扉の前にビールケースや石を置いたりとか、木の棒を立てかけたりとか、何らかの工夫で扉が開かないようにしている。海外の小屋をネットで見ていたら、アルゼンチンの小屋の扉の前に石が置いてあったんですよ。地球の裏側で同じ行動をしてるんですね。そういう共通点や逆に相違点が小屋というものに詰まっていて、面白いなあと」

「民俗学や文化人類学の見方ですね。小屋はどうやって探すんでしょうか」

「グーグルの航空写真を見て、道路の形からこのへんありそうだなと、わかるようになっちゃったんです。ストリートビューで、ほんとに細かい道が入り組んでいるようなところに当たりをつけて行く感じですね。あんまり下調べはしないで行くので、通りがかりで見つけることも多いです」

写真を見せてもらうと、漁村や農村での写真が多いが、案外街なかにもあるそうで、バス停や、駐車場の管理室、宝くじの売り場のほか、雑居ビルの屋上などでも見られるとのこと。

「最初のうちは僕も外観の侘び寂び、つぎはぎだとかを見ていたんですけど、徐々

青いトタンの壁

に施錠のし方とか雨樋のかけ方とか、そこに所有者の個性や温もり、おかしみなんかも感じられるようになって。

マニアの方は路上観察から入ってる人が多い印象がありますが、僕はドキュメンタリーの興味から入ったので、社会のなかで、なんでそれがあるのかという視点でモノを見てるのかもしれません。だから、そこに人がいると話しかけて、何でこの小屋があるのか、どう使っているのかとか、あと家族の話を聞いたりもします。水を向けると結構、向こうから話してくれるんですよ。

ある漁港でウインチを収納する小屋の話を聞いたら、昔は神楽桟《かぐらさん》という太い木の棒にワイヤーを巻いた道具があって、それを手押しでぐるぐる回して船を陸揚げしていたと。昭和50年ごろまであったそうです。それが大変で嫌だったと言っていました。つまりウインチが普及したことで、かつては浜になかった小屋ができたわけですね。その話を聞いたときは、道具の近代化の歴史を垣間見た気がして面白かったですね」

そんなわけで、このたび遠藤さんに案内してもらったのは、三浦半島の松輪《まつわ》漁港である。漁業組合で撮影許可をもらい、港の小屋を見て回った。

漁船を陸揚げしているスロープの上に、いかにも手作りの小屋が並んでいる。遠藤さんの話に出てきたウインチを収納している小屋もあったが、まさに犬小屋程度の大きさのものもあって、

「これ、小屋といえるんでしょうか。ウインチの覆いなんじゃないですか」

錆びた小屋のドアノブと鍵

と思わずツッコんでしまった。

それでも遠藤さんの定義では、柱と屋根があってモノを収納しているから小屋なのだ。というか、小屋の定義はもうどうでもいい気がする。そこに人の息遣いが感じられる建造物であるかどうかだ。

並んでいる小屋を細かく見ていくと、精巧につくられていないがゆえの良さがたしかにあるのが、私にもわかった。手作りで間に合わせたゆるさ、つぎはぎ感、大雑把さ、それでいてどこか力強い感じ。トタンや廃材、プラスチック、金属などのテクスチャーが交錯する無秩序のなかに、時おり持ち主が塗った意図的な色が混じるさまは、芸術作品のようにも見えてくる。

「これを漁師さんたちが自分たちで好きに作ってる。そのそろってない自己主張の強さが楽しいんですよ」

これまでなら一瞥もくれずに通り過ぎていたであろう小屋の細部が、不思議な魅力に満ちていたことに驚く。

遠藤さんは言う。

「見たことのない風景を見たいという気持ちが高校生ぐら

小屋の前にも漁師さんが使う道具が沢山置いてある

働く人たちをサポートする小屋

漁船を前に小屋がずらりと並ぶ

いからあって、仕事でいろんなところを見てきたつもりだったんですが、小屋を撮り始めてから、いかに自分がモノを見ていなかったか気づいたんです。

仕事で撮影に行くときとか、その場所に行っても点でしか見てなかった。小屋を撮るときも、下調べをして行ったら目的地ができてしまって、また点になってしまうと思うので、下調べもしないようにして、その場で細い道のほうへ細い道のほうへ行くと、いろいろ見えてくるものがあるんです」

NAVIGATOR

遠藤 宏 Endo Hiroshi

1971年山梨県生まれ。出版社、スタジオ、新聞社勤務を経てフリーランスに。人物、旅、インテリアなど、主に人と生活にまつわる写真を撮影。田んぼや畑、漁港などに建つ小屋・納屋に魅せられ、全国各地を回って写真を撮ることがライフワーク。2018年に小屋愛好会を設立。共著に『うかぶかな?しずむかな?』(岩崎書店、写真担当)など。

Architectural Appreciation

7

キャバレーのむき出しな工夫

ミス大阪

APPRECIATION

ミス大阪

昭和12年（1937年）に浪速区日本橋に創業したキャバレー。戦災のため消失し、1947年に再開店。所在地は大阪市中央区千日前2丁目7-16。1階席と2階席があり、席の総数は約300。「安心料金でお遊びいただける優良店」をモットーに、営業時間は17時から23時まで。

キャバレーは、昭和の高度経済成長期には隆盛だったが、令和の今は衰退し、現在東京には1軒もない。全国でも数えるほどしか残っていないという。

そんなキャバレーの建築上の要素としては、でっかいシャンデリアや、ふかふかのソファ、布張りの壁など、コテコテに装飾された内部空間が思い浮かぶ。こう言うと失礼かもしれないが、ちょっとやりすぎというか、派手すぎる印象を、個人的には持っていた。

だが、キャバレーの佇まいが好きという人がいる。いったいどこに惹かれるのだろう。今回はそんな西村《にしむら》依莉《えり》さんに話を伺ってみた。

「私、ミュージカルが好きなんですよ」

さっそく西村さんは言った。

「グランドキャバレーミス大阪に行ったときは、ミュージカルの劇場みたいだなと思ったんですよね。コの字に囲うように2階席があって、真ん中は吹き抜けてて、すごい照明があって。私『オペラ座の怪人』とかよく観にいっていたので、パリのオペラ座とかヨーロッパの劇場ってこういう形だよねっていうのが頭にあって、そういう昔の大箱のキャバレーを見たときに、もうなくなっちゃったんですけど、レディタウン（東京）とか、天守閣（大阪）とか、白馬（熊本）とか、お酒を飲んでホステスさんとおしゃべりする場所というより、ショーを見ながらお酒とか食事を楽しむ場所みたいな形になってるのがいいなと思いました」

劇場のようなつくりに惹かれるということだろうか。

「そもそもキャバレーがいいなと思ったのは、ルネ・グリュオーが広告を描いていたレー

上）1階から見上げるとたくさんの照明が波打つ
下）2階へ向かう階段横、美しいモザイクの壁

DOっていうフランスのキャバレーのイメージがずっとあって。めちゃめちゃ素敵なんですよ」

と、西村さんは現地のパンフレットを取り出す。

「これを見ると、踊り子さんの演目とか紹介されてて。向こうの感覚だと、踊り子さんのショーを見ながら食事を楽しむ、そういう感じが本来のキャバレーなんだと思うんですね。セットとかもすごそうだし。タカラヅカみたいな感じというか。

それで日本のキャバレーはどんなんだろうって興味がわいて。日本でもこんなことやってるのかなと。そうしたら温泉地の保養施設みたいなホテルにダンスホールがあったり、ショータイムがあったり、湯田温泉（山口県）では有名な女将が噴水ショーをやってるとか、ハリウッド（東京）では、ストリップだったり、バーレスクダンスだったり、歌だったりやってて、お客さんも喋りたい人は喋ってるけど、ショー観たい人は観てる感じだったから、そういう楽しさがいいなと思いました。だってミュージカルだと喋れないじゃないですか。今のいいよね！　とか、最高だったね！　とか言いたいんですよ私（笑）」

西村さんの話は軽快でどんどん進むが、その前にいったん、日本におけるキャバレーの歴史を簡単に理解しておいたほうがよさそうだ。西村さん情報では、戦後、進駐軍向けに特殊慰安施設協会にキャバレー部ができたのが起源だそうだが、そもそものルーツは戦前の《カフェー》にあるらしい。

右頁）ステージにある譜面台。ロゴがおしゃれ
左頁）2階席からの景色。両サイドにバルコニー席がある

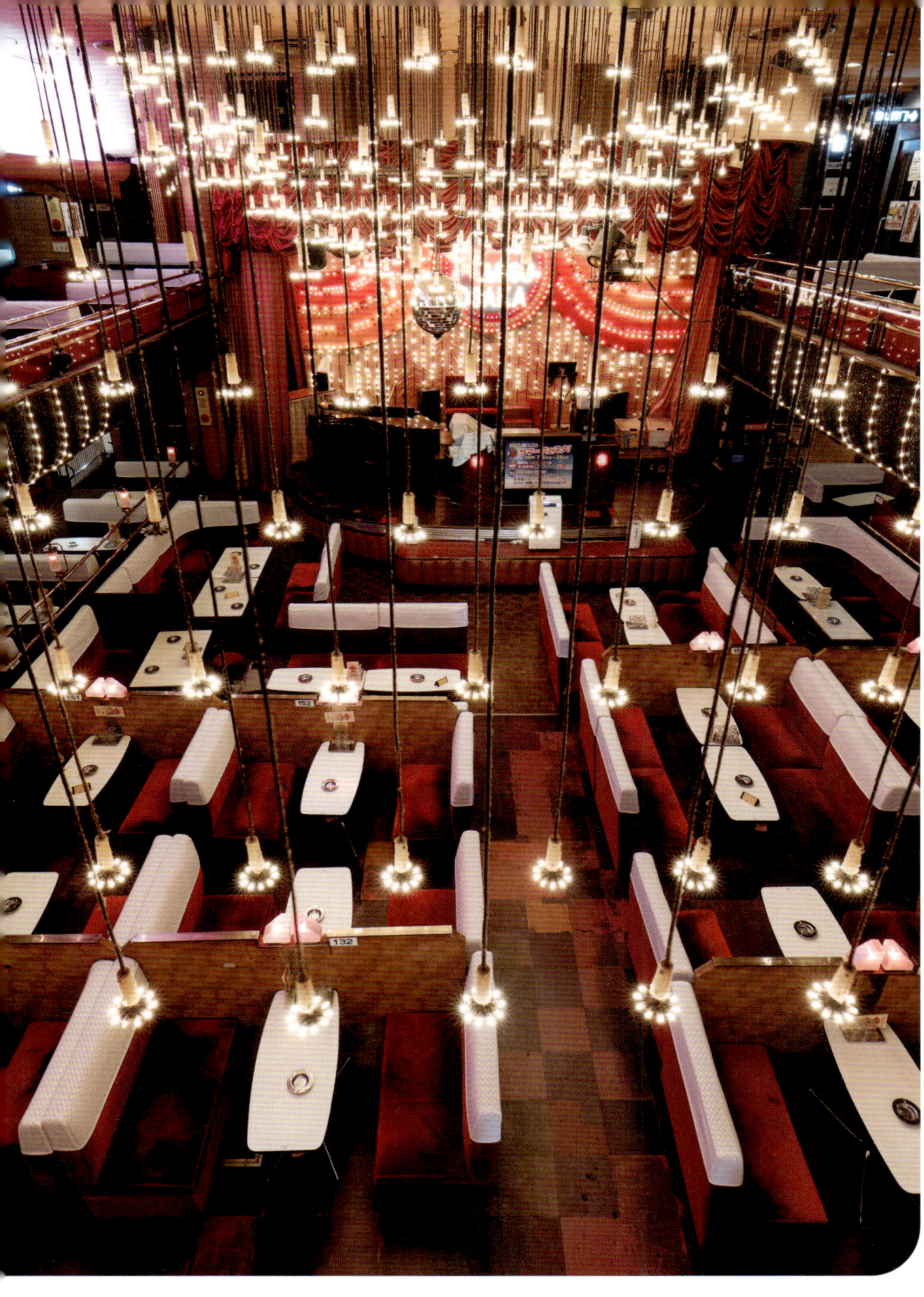

Architectural Appreciation

『カフェと日本人』高井尚之著（講談社現代新書）には《大正から昭和初期にかけて、カフェーは飲食を提供しつつ女給のサービスを売りものにする店と、あくまでも珈琲や飲食を主体にした喫茶店に分かれていく。前者の多くの店では、徐々にサービスも濃厚になった》と書かれているので、それが戦後進駐軍が来たことで、日本流のキャバレーへと変貌していったのだろう。

円内）天井から吊り下げられた、花弁のような照明
上）天井から下がる花の形をした照明　下）座席の照明はピンク色。女性の顔色が最もよく映える色だそうだ

「当時の映画や写真を見ると、70年代に入るまでは今よりシックな雰囲気なんです」

西村さんが憧れたフランスのキャバレーのような、歌って踊るダンスフロアのある店舗が登場したのはそのあとということになる。

建築という視点ではどうなのだろう。それを尋ねてみると、西村さんは、キャバレーのつくりはこういう感じだから好きというような見方はしていないと断りつつ、

「キャバレーは、パーツとかが店によって凝り方が全然違っていて、日本でだんだんガラパゴス化した結果、キャバレーなのかショーパブなのかスナックなのかわからない、定義があいまいな感じの形態になってるんですね。社長さんができ得る限りの想像力を尽くして、非日常を味わってもらおうというモリモリな内装になっていってるのが、日本独自の発想だなって感じで面白いんです」

「それは具体的にどういうところでしょうか？」

「たとえば、白馬のオーナーが階段まわりのデザインもオーダーメイドの鋳物だよって言ってて、そこまで凝ってきれいにつくってるところはなかなかないんで、すごいなって感激しました。建物のデザインとかロゴとかも全部創業者が考えたらしいんですよ。あとレディタウンもすごかったです。照明が売りだったんですけど、レリーフもオリジナルで、凝ってつくったって話でした」

「同じ店が2つとしてないというのは、たしかに面白いですね」

「もともと違う職業だった経営者の人が、キャバレーをやることになったから、

バルコニー席の照明

こうしたらお客さんは楽しいと思うだろうって工夫をいっぱい凝らしてるんです。インターネットもないし、戦後でモノもない時代に、よくぞここまでやったよねって。クリエイティビティがすごいなと」

というわけで、西村さんおすすめのキャバレーのひとつ、ミス大阪を見学に行ってみる。

「ミス大阪で一番気に入ってるのは、モザイクですね」

と西村さん。2階へ向かう階段横の壁が一面、モザイクになっていて、青と緑を基調としたデコボコしたタイルが張りつけられているのだが、中にところどころ金色が混じっている。

「私はこれ、海をイメージしてるんだと勝手に解釈してるんですが、この金が混じってるのかっこよくないですか。あとは建物の入口もシャネルのマトラッセみたいでいいなと」

マトラッセ※を知らなかったので検索するとたしかに似ている。

「このロゴが漢字なのもかわいい」

ミスと大阪の文字は書体が違う。そこがいいのだという。

「あと、譜面台もいいですよね」

たしかにステージにある譜面台を隠す楯のような部分のデザインが渋い。

「天井から吊り下げられているこの照明、かわいくないですか」と西村さん。

「これ高さが違うんですよ」

たしかに、たくさんの照明が全体で波打つような配置で吊り下げられている。

モザイクの壁には様々な色のタイルが

「だから2階バルコニーのサイド席に座った人は、照明も楽しめるし、いろんな席に座っていろんな楽しみ方ができるように工夫が凝らされてるんです」

なるほど。そういったかわいいディテールがたくさん詰まった玉手箱のような建築というわけである。タカラヅカ好きの編集のSさんも目を輝かせていたので、そういったショーが好きな人には響く空間なのだろう。

私が面白く見たのは、カーブを描いたフロントの天井のデザインだった。流線的なデザインは昭和のころに特に流行っていた記憶がある。

西村さんは、建築だけでなく、かつて配られていた広告やチラシ、マッチ箱のデザインも好きだと言い、

「え、逆に、好きじゃないんですか、宮田さん」

※シャネルを代表するショルダーバッグ。ダイヤ柄のステッチがほどこされている

右）フロントのカウンター。天井のカーブが面白い

左）宝塚歌劇のような美しいミラーボール

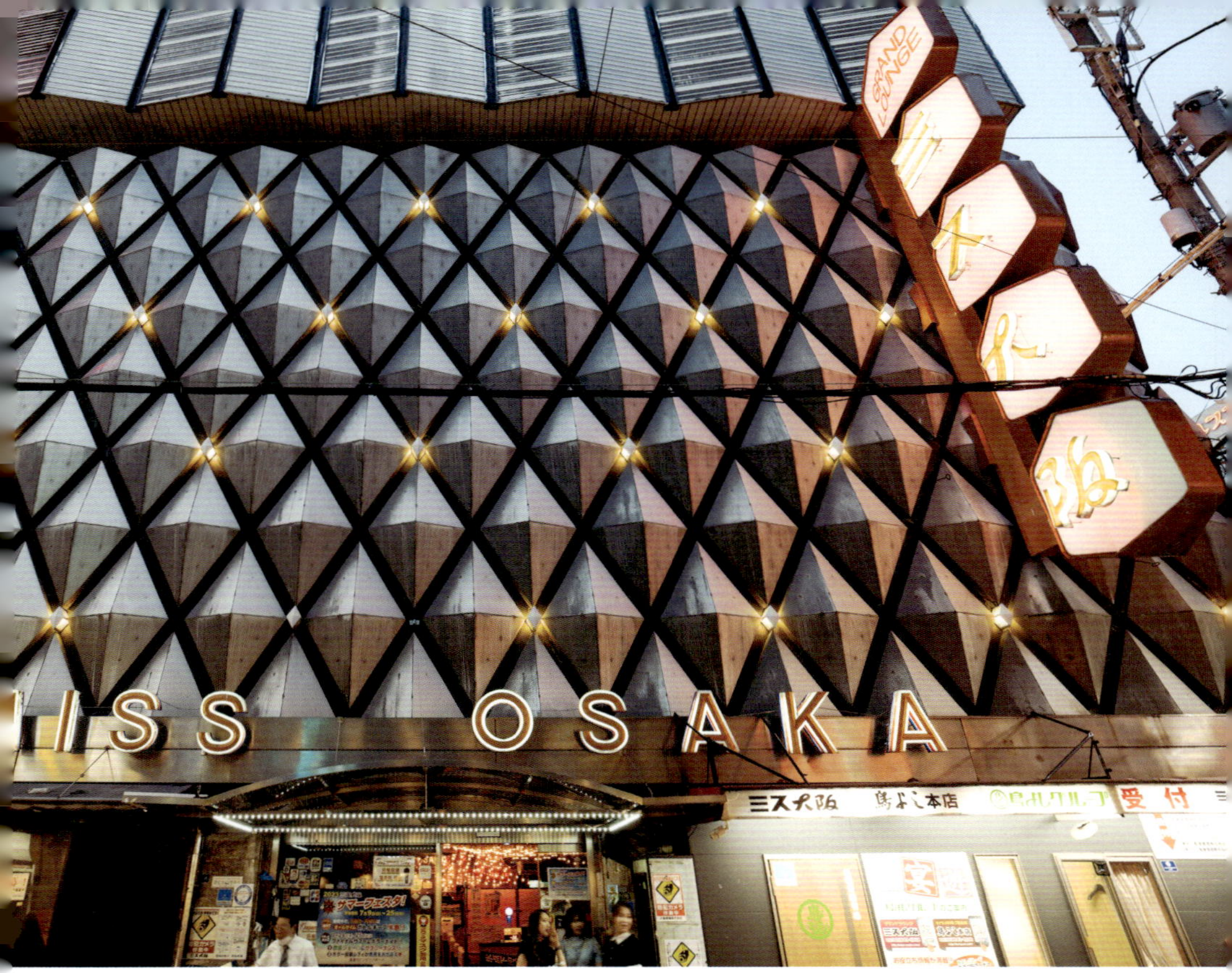

と、煽られた。これを好きじゃない人は人間じゃないぐらいの勢いである。

　そうして彼女は、自分は高知県の田舎で生まれて、こんなものが全然ないから憧れがあったと語るのだった。

「1990年代の田舎の中学生って娯楽が雑誌ぐらいしかないんですよ。やることないから、雑誌はほとんど読んでたし、町には小さな書店が3軒だけ。それで、'90年代の終わりって昼間からテレビで'70年代のドラマの再放送とかしまくってたから、それをすごい見て、'70年代の東京のいろんなものに憧れを抱いてました。'90年代って、'60年代'70年代のリバイバル期

ミス大阪の外観。シャネルやイッセイミヤケのバッグのような質感

でもあったので、そういうカルチャーとリンクして興味を持ったっていうのはあるのかな」

私は冒頭にも書いたように、キャバレーなどの建築や装飾は、ケバケバしすぎる印象を持っていたが、そう思ってしまうのは年齢的なものもあるのかもしれないと思った。高度経済成長期の勢いのようなものに惹かれる世代と、それに抗っていた世代。自分はどちらかというと後者だから、実感できないのかも。

「キャバレーやダンスホール以外で、好きな建築ってありますか？」

「出先にあったら必ずチェックするのはボウリング場ですかね。ただ最近はクラブみたいになってたり、味気なくなって、個人的にかわいいと感じるところはどんどんなくなってるので、誰か記録残して、って思ってます」

キャバレーと昔のボウリング場、一見共通点がなさそうだが、なんとなくわかる。そこは、手探りながら、お客さんを楽しませようという工夫がむき出しになっている場所なのだ。

NAVIGATOR

西村依莉／ポルカ社 Nishimura Eri／Polkasha

編集者・ライター。出版社勤務を経てフリーランスに。共著書に『キャバレー、ダンスホール 20世紀の夜』『昭和インテリアスタイル』（共にグラフィック社）、『いいビルの世界 東京ハンサムイースト』（大福書林）など。1960〜'90年代のファッション雑誌集めが趣味。

Architectural Appreciation

8

ゲタバキ団地の
標準化できない個性

UR都市機構 千島団地

APPRECIATION

UR都市機構 千島団地

所在地は大阪府大阪市大正区千島2丁目4番。5棟、戸数は2，236。鉄筋コンクリートの壮観な外観から「軍艦団地」の愛称も。4号棟の隣には行政の窓口「大正区役所」があるほか、1階には周囲の住民も利用できる「ちしまメディカルパーク」がある。

ゲタバキ団地とは耳慣れない言葉だ。

上が住宅で、下に店舗などそれ以外のものが入っている集合住宅のことらしい。つまり住宅が下駄を履いているという見立てである。私は最近までその単語を知らなかったのだが、団地好きな人たちの間では、ふつうに通用しているようだ。

そのゲタバキ団地をとくに愛好しているという〝けんちん〟さんに今回は話を伺う。団地はすでに取り上げているが、さらにマニアックなゲタバキ団地。いったいどこが魅力なのだろう。

「ゲタバキって耳慣れない言葉なんですが……」

「団地とセットで使われることが多かったので、昭和30年代40年代によく使われて、今はあまり使われなくなった単語なんかなと思います」とけんちんさん。

「郊外のニュータウンなんかで1階が商店街になってる団地を見ますが、あれのことですよね」

「たしかにあれもゲタバキ団地なんですけど、僕が好きなのはもっと特殊なタイプで、都心部にある、区分でいうと市街地住宅と呼ばれるやつです」

そう言ってけんちんさんは写真を見せてくれた。そこには1階と2階がタクシー会社になっている集合住宅が写っていて、私はさっそく面食らってしまった。団地の下の商店街に昭和レトロな味わいを感じるという話かと勝手に想像していたからだ。

「商店街じゃないんですね」

「昭和30年に日本住宅公団ができたときに、目的が2つあって、ひとつが、住宅不足を解消するためにたくさん団地をつくる。それはニュータウンみたいな形で、郊外の離れた場所に建設していったわけですけど、商店街があるのはそういう団地ですね。それとは別に職住近接っていう目的もあったんです。東京や大阪の都心部っていうのはすでに住宅が密集している状態だったんで、土地の所有者に、ビルを建ててあげるので空中をくださいっていう言い方をして、（上層階に）団地を建設したんです」

再開発などでよく使われる手法だ。

上）岡崎橋第2市街地住宅（けんちんさん撮影）
下）上下でデザインが異なる大阪のゲタバキ団地（けんちんさん撮影）

千島団地の下は薬局が並ぶ

「それが市街地住宅と呼ばれる、要は上と下と別の人が所有しているゲタバキ団地で、僕が好きになったのはそれなんです」

ずいぶんとニッチなジャンルだが、上と下を別の人が所有していたら、何が違うというのだろう。

「持ち主の意志がデザインに反映されるんで、上と下で見た目がちがうんですよ。無理やりくっつけたような建物になるんです」

なるほど。

「さらに大阪ルールっていうのがあって、大阪市内って大阪府と大阪市と公団と3者でゲタバキの団地をつくっていったんですけど、生活感を極力出さないために、道路側にベランダを設けないって不文律をつくっていたようなんです。だから道路側は必ずサンルームになっていて、外から見たときにオフィスビルか家か分からない」

けんちんさんは、大阪にある岡崎橋第2市街地住宅の写真を見せながら、

「たとえば僕が最高に好きなのはこの団地で、まず上と下でデザインが違います。で、上は窓がずらっと並んでて、全部住宅に見えるんですけど、左のほうは廊下なんですよ。まんなかの部分が住宅で、その右はまた廊下で、また家ってなってて、デザインを合わせるために廊下のところも全部同じ窓にしてる、そういう忍者のような雰囲気が好きなんです」

ちょっと何言ってるかわからない、と定番ギャグでツッコみそうになった。マニアックすぎる！

だが、そのあとで話してくれた点は、腑に落ちた。

「外観以外にも魅力を感じるところはありますか？」

「間取りですね。ふつう公団は全部標準設計なんですが、市街地住宅は土地の形ありきなので、団地によって全部間取りが違うんです。この岡崎橋第2市街地住宅でいうと、2DKがものすごく広くて、平行四辺形をふたつくっつけたような間取りになってたりするんですよ。

公団の設計の方と話したときに、ふつうの団地をつくるときは設計といっても、〝いかに当て

はめるか〟の仕事になるけど、市街地住宅は間取りをつくらなきゃいけないので、設計者にとっては、それが楽しかったたっておっしゃってました」

団地だけど間取りはオリジナルで、建物全体は上と下でデザインが違う。そう言われると、たしかに面白い気がしてきた。

「そもそも市街地住宅に目をつけるきっかけは何だったのでしょうか」

千島団地4号棟下の回廊

「会社に入って最初寮に住んでたんですけど、一人暮らしをすることになったときに、不動産会社に行くのが怖かったんですよ。敷金・礼金とかよくわからないし。で、公団だったら大丈夫かなと思って案内所に行ったら、1DKで3万円台、2DKで4万円台ぐらいからあって住みたいと思ったんですが、空きがなかったんで、半年間ずっとサイト見て、一番レアな団地が空いたときに引っ越したんです。そうしたらですね。屋上に遊具があったんです」

「遊具ですか？」

「公団には敷地内に必ず遊園を置くというルールがあって、市街地住宅だと場所がないから屋上に置いてあった。それが各団地によって違ってたんですね。それを知ったとき、すごいなと」

団地ごとに違う遊具が、まさにけんちんさんが市街地住宅を追いかける原動力になったわけだ。

「それで、全部見てみたいと思ったわけなんですが、屋上に勝手に入れないじゃないですか。だったら住んでもらおうと思って」

ん？　住んでもらう？

「僕バンドやってて、バンド界隈って都心部に安く住みたいっていう人がわんさかいるんですよ。だから、そのへんに声かけたら、おれも住みたいおれも住みたいってなって、1年半で大阪環状線の内側の団地はだいたい知り合いがいる状態になりました」

「すごい。まるで仲介業者じゃないですか」

日本住宅公団 瓦屋町市街地住宅内の遊具（けんちんさん撮影）

「お金はもらってないです。でも一緒に行ったら内覧できるので」

「何人ぐらい紹介したんですか」

「２００人ぐらい」

「２００人！」

屋上の遊具を見るために２００人！　すごい。

「２００６年に遊具が全部撤去されたんですが、おかげで、ちょうど最後のタイミングで団地の遊具を写真に収めることできました」

「そこから一般の公園遊具を撮り集める方向には行かなかったんですか」

「行かなかったですね。僕は遊具そのものに興味があったんじゃなくて、市街地住宅の隠されたところにある遊具っていうピンポイントでの興味だったんで。それに、全部行きたいって思ってしまうんで、限度があるものじゃないときついですね。公園遊具全部なんて不可能じゃないですか。市街地住宅だったらまだ限りがあるので行けるのと、でも入るのは難しいから、難しいのをどう攻略するかっていうのが楽しいんです」

結局、けんちんさんはそうやって巡るうちに市街地住宅そのものに興味を持っていったそうなのだが、遊具が見たいために仕事でもないのに２００人に住居を紹介する行動力には驚くばかりだ。

「そうやってゲタバキ団地を追いかけるなかで、日本住宅公団（現・ＵＲ都市機構）が好きになっていきました」

大阪市西区北堀江に建つ西長堀アパート

上左）西長堀アパート内の復刻住宅。1958年竣工当時の状態が残っている　上右）1階の直線通路
下）西長堀アパート内の復刻住宅のキッチン・リビング

千島団地3号棟。公園側から見た姿

「公団のどういうところが魅力なんですか？」

「もとが国なので、行政区分を跨《また》いでつくれるんです。ふつうの行政では調整しきれないところでも、公団はできるんで、そういうところがダイナミックでいいなと。

それに、公団は世界一システマチックな組織だと僕は思ってて、職員数に対して管理してる住民の数が半端ないんです。今70万戸あるんです。それに2人住んでるとしたら140万人ぐらい住んでるんですね。それを賃貸部門の管理の人千人おらんぐらいで回してるっていう仕組みがすごい。

あとはやっぱり、公団として（団地の）標準化を徹底するなかで、そ

れでもどうしても標準化できない部分が出てくる。そこに遊びがあって、やらんでもいいところに力が入ってたりするのが見どころです」

そう言いながら、けんちんさんが案内してくれた大阪の西長堀アパートには、塔屋に凝ったデザインが施されていた。

「こんなデザインも、下から見えないですからね」

ちなみにけんちんさん、今は電気風呂の啓蒙に力を入れているそう。

「電気風呂は、ゲタバキ団地よりもメジャーなのに、全然注目されてないっていうのが、僕的には魅力に感じてて、みんなに教えたい。それで今までゲタバキ団地につぎ込んできた労力を今度は電気風呂に注いでいます」

そう言って自作の豆本をくれた。そこには電気風呂の魅力や入浴法などが事細かに書かれていた。

もはや建築鑑賞の域を超えているけんちんさんの活動である。その類稀《たぐいまれ》な着眼と行動力のおかげで、市街地住宅の魅力も発掘されたわけなのだった。

NAVIGATOR

けんちん Kenchin

1980年生まれ。大阪府出身。団地愛好家集団「チーム4.5畳」所属。ゲタバキ団地愛好家。団地引越しまで導いた人は200人を超える。著書に『ゲタバキ団地観覧会』『Electric Bath Handbook 電気風呂御案内200』『銭湯 文化的大解剖!』(共著)など。YES-fm「日本列島カルチャー倶楽部」パーソナリティ。銭湯の電気風呂愛好家でもある。

Architectural Appreciation

9

高度経済成長期のビルの媚びなさ

西谷ビル

APPRECIATION

西谷ビル

所在地は大阪府大阪市西区南堀江1丁目10-11。上写真の螺旋階段は本館のもの。1957年に建てられた4階建ての鉄骨鉄筋コンクリート造。ビルの管理会社は西谷商事株式会社。

ビルがブームである。なんでも昭和の高度経済成長期のビルがいいのだという。いったいどこが魅力なのか、大阪を中心に活動しながら、『いいビルの写真集WEST』を出版したユニット「BMC」（ビルマニアカフェ）のみなさんに話を聞いた。

高岡伸一さん（以下：**高**）「僕らが『いいビルの写真集WEST』で紹介しているビルって、規模の大きくないビルが中心で、街なかで小さく商売している会社が自社ビルとして建てたものが典型なんですよ。そうすると高く建てる必要もないので、3階建てから5階建てぐらいでだいたい収まる。大阪の中心地だと間口も狭くて、今現在そういう建ち方ってほぼありえない。今は都心では高層ビルどかんという建ち方しか基本的にない」

岩田雅希さん（以下：**岩**）「建物の大きさにも時代性があると思うんですけど、高度経済成長期のビルは全体のバランスがいいというか、引きで見たときのバランスが独特なところに惹かれます。その後の時代になると、サイズがどんどん大きくなっていくじゃないですか」

高「例えばタワーマンションみたいに超高層30階40階のなかにぎゅうぎゅう詰めで住んでるのって貧乏くさいと思うんですよ。そう考えると、都心なのに、3階4階で使ってるってめちゃくちゃ贅沢やと思うんです」

宮田（以下：**宮**）「なるほど、なぜバブル期のビルじゃだめなのかお聞きしようと思ってたんですが、バブル期はサイズがでかいんですね」

高「サイズもあるんですけど、デザインの話でいうと、たとえばタイルは高度成長期の顕著な特徴だと思います。今でも建材の仕上げとして使いますけど、バブル期以降はタイルも品質管理

の性能が高すぎて、均質な仕上がりになってしまっている。もちろんメーカーはそれを目指してやってきたんですが、高度成長期ぐらいまでのタイルって、まだどこか手作りな感じが残ってて、ムラが出てたり、形がいびつになってしまったりで、当時それはよくないことだったんです

上）西谷ビルの美しい階段
下）西谷ビル1号館の玄関ホール

けど、われわれからすると、それがめちゃくちゃ魅力的に見える。「泰山タイル」という、京都でずっと焼かれていた美術タイルが戦後になっても街なかのビルには使われていて、釉薬の変化とか焼き物みたいですごく味わいがある。そういうのが使えた最後の時代なんです。

それが超高層ビルになると基本的にタイルは使わない。剥離などしたら大変な事故になりかねないので、超高層化とともに街なかのビルにタイルって使われなくなっていくんです」

宮「写真集を見ると、タイルのほかに、螺旋階段も個性的です。最近、こういうの見ないですね」

高「この時代、建築基準法もそんなに厳しくなくて、大きな吹き抜けのなかに階段を置くことがふつうにできたんです。でも火事の際に煙の通り道になるので、区画でしっかり囲いなさいっていう法律ができたんですね。そうすると小さなビルだけど、エントランスホールがあって、吹き抜けがあるっていうつくり方が、すごくお金をかけないとできなくなった。

それと、階段も建物によって条件が違うので、一品生産になってきます。この時代までは建物の工業化という大きな流れと、昔から続いている工芸に近い手作りでつくっていく流れの、ちょうど過渡期といいますか、混ざってるんですよね。工業化を進めたけど、最後は手作りでないとどうにもできないという、そういう混ざり方をしてる」

宮「タイルと同じように、バブル以降は既製品をはめていくようになったわけですね」

西谷ビルの床の個性的な模様

高「そうです」

岩「階段はね、〝裏〟になっていったんです」

高「そう、避難階段になってしまって、主役を張らなくなるんですね。さらに、この本に出てくる階段の木の手摺は、職人さんが熱をかけながらぐぐっと曲げてつくっていくのが多くて、（柵のところは）金属を加工する職人さんがつくり、その上に載ってる手摺は木工屋さんという別の職人が別の場所でつくるんです。お互いがバラバラに作って現場で合わせる。それが螺旋階段だったりすると、むちゃくちゃ難しいわけです。同じ図面をもとにつくるんですけど、まあ合わないですよね。それをお互い現場ですり合わせながら、調整してやっていくみたいな」

岩「余裕がないとできない」

高「今ほど人件費は高くないので、ゆっくり時間かけてつくれたということもあったと思います」

右）1号館のドア　左）本館螺旋階段の手摺

宮「今、高度成長期の建築を見る人が増えている気がしますね」

高「若い人が当時のビルをリノベーションして、自分たちのいいように使っていくという動きは出てきていますし、これからも広がっていったらいいなと思いますね」

岩「ファッション誌で背景に使われてたりするので、分かってくれる人が増えてるのかな。でもね、いいと思うビルほどどんどん壊されてるんです」

円内）ねじれた手摺のあるビルもあった　下）大阪のビル街で見つけた素敵なビルたち①

宮「耐久性の問題ですか」

高「ではなくて、経済的な理由ですね」

岩「持ち主が、いいものを所有していても、それを活かしていこうと思ってくれないとなかなか残らない」

　ここまで聞いたところで、私のなかでは、高度成長期のビルにはまだ手作り感が残っていて、人間味があるところが魅力、という図式ができつつあった。だがこの後、それが見当違いであると知った。それは、私が「ビル以外で他に気になる建築はあるか」と尋ね、高岡さんが「駅」と答えたところから明らかになっていく。

高「新幹線の新大阪駅がいいなと思ってて」

宮「新大阪は何度も利用してますが、とくに印象がないです」

高「外に出て外観を見てください。めちゃくちゃかっこいいんです。基本的にガラス張りのカーテンウォールで、複数の交通幹線を跨《また》ぐ構造がすごい。端的にいうと横に長い。あんな横に長い建築は通常ありえない。それを遮るものもなく一望にできるところはあまりないです。しかも、新幹線と地下鉄御堂筋線とＪＲ京都線と新御堂筋の高架道路という交通の結節点、人の動きの結節点になっている。そのダイナミックな感じもかっこいい。

　駅って建築と土木の間ぐらいの構造物で、人のスケールを超えてるわけです。その、人を無視したスケール感。ノンヒューマンというか、人のこと考えてない空間に惹かれるものがありますね」

大阪のビル街で見つけた素敵なビルたち②

宮「いいビルとは正反対な感じですか?」

高「いや、高度成長期のビルも、あまり人のことを考えてないですね」

　意外な答えだった。

宮「バブル期のビルのほうが人のことを考えてると?」

高「バブル期のビルは人に訴えかける圧が強すぎるんですよ。暑苦しい」

宮「圧ですか?」

高「デザインやお金のかけかたもそうですし、どうだスゲーだろという感じが強すぎる。しかも、〝ここでくつろぎなさい〟みたいな、建築から人間に対する無言の圧が強くなってくる。高度成長期のビルには、そういう圧がないんですよ。ほったらかし」

岩「だからこそいろいろ使えるというか。たとえばですね。その年代のビルに住んだことがあるんですが、断熱もない。それを整えていくことによって、かっこよさは緩んでいくんです。かっこいいものをつくったから、あとは好きに使いよ、っていう態度がいい。リノベーションするにしてもそのほうが、いろんな使われ方するようになって面白いんです。あまりに考えられていると、使い方に広がりが出ない」

高「この時代のビルは、人間に媚びてこないんです。（人間のことは）『知らん』と。その風通しの

上）大阪のビル街で見つけた素敵なビルたち③
下）大阪のビル街で見つけた素敵なビルたち④

よさというか、好きにさせてくれる感じに惹かれてます」

なんと、高度成長期の建築は人間のことを考えてなかったのか。面白い。

話を伺った後、大阪のビル街をBMCのみなさんに案内してもらったのだが、タイルではなく、スチール製の出窓みたいな構造のあるビルを「いいビル」と評価していたので、思わず私が、「これは手作り感とは違う気がしますが……」と首を傾げると、

高「工業と工芸のバランスの違いというか、工業化への挑戦が人間くさいといいますか」

とのことで、戸惑ってしまっ

大阪のビル街で見つけた素敵なビルたち⑤

た。工業化しても、どこかアナログな味わいを残しているということか。当時の技術でできそうだからやってみたという、あの時代の設計者の遊び心を感じるそうだ。

高「確かに人間がつくっているんだけど、あんまり人を向いてつくってない」

かっこいいからそうつくってみたのであり、使う側の人間のことは知らんという、視点が面白い。

高度成長期の建築は手作り感が残っているからいいと最初に聞いたとき、だから人にやさしいという、人肌のやさしさみたいな話に展開していくのかと思ったら、まったくそうではなく、人にやさしくなくていいのであった。

ほかのビルでは共有スペースに見事な螺旋階段があり、その造作が素晴らしいと、職人技を評価する。つまり、手間ひまかけて、やらなくてもいいことをするという遊び心が、肝なのかもしれない。

そして、人にやさしくないからこそ、使う人の側で工夫する余地があり、そこを含めて楽しむのだというスタンスには、つくる側に独占されてしまった建築を、もう一度こちら側に取り戻したいという願いも隠れているかもしれない、と思ったのだった。

NAVIGATOR

BMC（ビルマニアカフェ）

1950-'70年代のビルをこよなく愛するビルマニアたち。高岡伸一・阪口大介・井上タツ子・川原由美子・岩田雅希の5人のメンバーで活動中。著書に『いいビルの写真集WEST』（PIE International、2012年）など。

Architectural Appr

10

エスカレーターの未来感

東京スカイツリータウン®

APPRECIATION

東京スカイツリータウン®

とうきょうスカイツリー駅・押上駅に直結し、東京都墨田区押上一丁目に位置する複合商業施設。2012年に開業。東京スカイツリー®、ショッピングセンターの東京ソラマチ®、すみだ水族館などで構成される。写真は押上駅からスカイツリータウンに直結するエスカレーター。

この本ではこれまで、取り上げた対象について、なぜそれが気になるのか、その魅力を知りたくて話を聞いてきたが、今回取り上げるエスカレーターの魅力は私にもわかる気がする。

インタビューに先立って今回話をうかがう田村美葉《たむらみは》さんの著書『すごいエスカレーター』を読んだら、予想以上に共感してしまったのだ。この本で紹介されているエスカレーターはどれもかっこよく、これは好きになるわ、と納得したのである。構造物として美しいし、乗り物であるところも面白い。

田村さんの話を聞いていこう。

「最初にエスカレーターに惹かれるようになった経緯を教えていただけますか」

「私は地元が金沢で、金沢にももちろんエスカレーターはあるんですが、金沢市民て電車に乗らないから駅にも行かないので、デパートぐらいでしかエスカレーターを見たことなかったんです。それが東京に来てみたら、いろんな場所にエスカレーターがあって、一人乗りとか踊場付きとか曲がってるの（スパイラルエスカレーター）とか、形もいろいろあって、なんて面白いんだろうって思ったのがきっかけです。あと実は、そのときはエスカレーターだけじゃなく、高架橋脚ファンクラブっていうのもやってました」

「橋脚ですか」

「東京って高速道路が上を走っているので、橋脚も形がいろいろあるんですよ。日本橋川とかやばいです。めちゃくちゃな建ち方をしてる橋脚がいっぱいあって。東京は街が立体的だな、と。金沢ではデパート以外、お店ってどれも平屋だし、立体にならないんです。なので、立体的な都会をエスカレーターが駆け巡る風景がすごい未来っていう感じがして。私の未来の街のイメージって、『AKIRA』とか『エヴァンゲリオン』で、『エヴァ』にもやたらエスカレーター出てくるんですが、そういう、車が空を飛ぶまでいかないけど空中を駆け巡ってるみたいな未来都市のイメージが東京にはあるなと」

上）手摺の形もチェック
下）ステップ手前のランディングプレート

なるほど立体的な街に未来を感じるのはわかる。空を活用できるのは文明が発達している証だ。

「ではエレベーターも好きですか」

「エレベーターはアルキメデスが発明した乗り物なので、紀元前からあるんです。エスカレーターは地下鉄とデパートが誕生した20世紀のはじめからなので、2000年の開きがある。だから全然違う乗り物だと思ってます」

エレベーターがそんな昔からあったとは知らなかった。てっきりあれも未来の乗り物のひとつと勘違いしていた。ただ私は、未来的かどうかという以外に、エスカレーターには形の魅力もあるのではないかと思った。

「エスカレーターは線だから、田村さんは線的なものがお好きなのではないでしょうか」

「線というか、景色が変わるのが重要で、上下に動いてかつ横にも動くみたいなものって、あんまりほかにない」

「あれはどうですか、動く歩道」

「動くスロープなら好きです。動く歩道は、それ自体が建物のなかで未来的みたいな空間にあったりするといいんですけど」

なるほど線的より立体的であることが田村さんにとっては重要なようだ。

「あと機械的にいうと、スロープを動かすのと階段を動かすのとでは、技術的に全然難易度が違う。動く歩道、動くスロープのメーカーはいっぱいあるんですが、エスカレーターをつくってるところは少ないんですね」

交差するエスカレーターが壮観

「工事の現場やメーカーの工場を見に行ったりもするんですか」

「三菱電機さんの工場とフジテックっていう専業メーカーさんの工場に呼ばれて、行ってきたこともあります。ただ、エスカレーターの情報って無限にあるわけではないので、あんまり知りた

上）手摺の下のライトがまぶしい
下）一度に5本のエスカレーターを見ることができる

くない」

ん？　マニアなのに知りたくないとは、いったいどういうわけだろう。

「知っちゃうとあんまり楽しみがなくなるんで。鉄道とか情報が整理され尽くされていて、自分で新しく発見することが少ないですよね。エスカレーターはまだその余地が残されていて、珍しいのに全然知られてないものとかいっぱいあるんです。新種の虫を発見するみたいな喜びがあるんですよ。あそこにこれがあったよっていう情報の第一発見者になれる。だから、ほんとに珍しいエスカレーターが全部網羅されてる便利なサイトがあったら、今の活動はしていなかったかもしれません」

これまで話を聞いた人の何人かも同じことを言っていた。誰もやっていないから自分がやるというモチベーションの持ち方があるようだ。

「たまに夢でも見るんです、こんなエスカレーターがあった！　みたいな夢を」

「それは、どんなエスカレーターなんですか」

「細かい話ですが、手摺の形が違うとか。手摺が直角に落ちてるエスカレーターがあって、それを発見したときも、誰かに教えてもらったわけじゃなくて発見したので」

「本に載ってましたね（名鉄百貨店本店のエスカレーター）。ぼくもこれを見たとき、へえ、こんなのあるんだと思いました。これは偶然発見したらうれしいですね」

「このレベルで珍しいやつはなかなかないので、夢で逢うぐらいで」

「ただ、ここまでいくとすごいのはわかるんですが、田村さんのホームページに掲載されているエスカレーターの半分ぐらいは、普通な感じで、いちいち撮ってたらきりがないんじゃないかって思ったんですけど、あれもひとつひとつ違いがあるんですか」

「そうですね。日立のエスカレーンとかですね。エスカレーターって建物の設計ができてからオーダーメイドでつくるんですが、エスカレーンは長さとか高さとか幅が規格になってて、これに合わせて建物をつくってくださいっていうタイプなんですよ。だから見た目は超普通なんです。でも今はもうつくってないので、めちゃくちゃ珍しい」

「そんな、〝おれに合わせろ〟みたいなエスカレーターがあったんですね」

「価格を安くすることで、スーパーなどの小規模店舗でも導入できるようにしたんですね。あとオーチスが、欄干が薄型ガラスのものをつくったときに新しくエスカレーアと名付けたんですが、全然名前が浸透しなかったやつとか」

「構造はほぼ同じだけど、名前は違うと」

「そうです。今では珍しすぎて、マニアが見つけたら大興奮のやつですね。誰も気づかない」

「気づかないですね。見た目普通ですもんね」

「そういうの、最初興味なかったんですけど、だんだん興奮する体になってしまいました」

「ひとつの街に行くと、いいエスカレーターを探して、建物をしらみつぶしに回るんですか」

「昔はそれ結構やってました。今はある程度調べてからいきます。いいエスカレーターがある建物って、だいたいデパートと駅前のビルとダイエーかヤマダ電機なんで」

「ダイエーかヤマダ電機？」

「ダイエーは古いエスカレーターが残ってる率が高い。ヤマダ電機は突然レアなメーカーのエスカレーターが置かれてたりするので」

んんん、マニアならではの情報だ。

「海外はどうですか。香港とかニューヨークとかデカいビルいっぱいあるから、どこから手をつけようかってなりませんか」

「そうですね。たとえばアメリカで、9／11メモリアルミュージアムに行ったときに、6基並んでるエスカレーターにたまたま出会ったこともあるので、なるべく動き回るようにしています。あと地下鉄になるべく乗るとか」

「でも駅ごとに全部降りていられないですよね」

「地下鉄構内図はチェックしています」

「見に行くときの作法みたいなものはありますか」

「ルーチンは決まってますね。絶対撮るのはステップ手前のランディングプレートの銀色の部分と、横から見たときの手摺の形と、あとス

スカイツリー付近にも小型のかわいいエスカレーターがある

テップに描かれたデマケーションラインていう黄色の線。これがメーカー判別3点セットで、あと珍しいエスカレーターとかだと、正面からちゃんと撮る。あとは一番かっこいい角度をとにかく探すっていうぐらいですかね」

　そんなわけで前置きが長くなったが、今回は、東京スカイツリータウン®にやってきた。田村さんによれば、

「最近の東京の建物ってわりとバリアフリーと耐震が大事なので、エスカレーターもあまり冒険をしなくなったんですね。昔、池袋芸術劇場に1階から5階まで突き抜けるのがあったんですけど、あれも耐震とかの理由で短く連続するエスカレーターに変わったり。そんなトレンドなんですが、でもここのはちゃんとかっこいい。長いのと短いのがあって空中で交差してるとか、外装板に光のラインが入ってオシャレなところとか。エスカレーターのかっこよさを理解して設計されてるな、みたいな」

　私も、地下3階から上へ何層も続いている吹き抜けに、長短のエスカレーターが交差しているのを見上げてみた。

「たしかに、複雑な交差がかっこいいですね」

「交差はかっこいい系統のひとつですよね。交差するやつ、トンネルになってるやつ、シンメト

光のラインが美しい

リーなやつとか、あと何列も複線になってるとか」

うんうん。エスカレーターを眺めていると、これに乗った先にどんな景色が待っているのだろう、そんなかすかな期待が胸をくすぐる。

今回は聞く前からエスカレーターの魅力に気づいてしまったため、途中、相《あい》槌《づち》ばかり打っていたのだった。

NAVIGATOR

田村美葉 Tamura Miha

1984年生まれ。石川県金沢市出身。東京大学文学部卒（美学藝術学専修）。エスカレーターマニア。大学入学を機に上京して以来、都会の景色に魅了され、エスカレーター専門サイト「東京エスカレーター」を立ち上げる。著書に『すごいエスカレーター』（エクスナレッジ）など。

下《くだ》りと上《のぼ》りのエスカレーターを一望できる

Architectural Appreciation

11

灯台の孤高《ここう》さ

犬吠埼《いぬぼうさき》灯台

APPRECIATION

犬吠埼灯台

千葉県・銚子半島の最東端に立つ灯台。1874年に竣工し、初点灯した。英国の土木技術者、リチャード・ヘンリー・ブラントンが設計。世界の灯台100選にも選ばれ、見学者数日本一を誇る。2020年には霧笛舎《むてきしゃ》※も含めて国の重要文化財に指定された。塔はレンガ造で、地上から頂部までの高さは31m。

※霧で視界が悪い時、音を出して船に灯台のある方位を知らせるための施設

今回のテーマは灯台である。

インタビューと撮影を兼ねて犬吠埼《いぬぼうさき》にやってきた。太平洋に向かって突き出した岬に、白い犬吠埼灯台がそそり立つ。とても絵になる光景だ。

灯台は、旅情をそそられる存在として自分も嫌いではない。けれど、今回お話を伺った不動《ふどう》まゆうさんの灯台愛は相当だ。灯台の魅力を発信するフリーペーパー「灯台どうだい？」を発行し、灯台ファンが集まるフォーラムの開催、イベントや講演など積極的に活動している。そこまで灯台にハマってしまったきっかけは何だったのか、尋ねてみると答えは意外なものだった。

「光なんです。20年近く前に大失恋をして、気晴らしにひとりで海に行ったんですが、着いたのが夜だったんですよ。夜の海ってこわくて、暗いし、引きずり込まれそうだし、なんでこんなとこ来ちゃったんだろうって思っていたら、海の真ん中から光が、同じ周期で飛んで来るのが分かったんです。車のヘッドライトとか、船の舷灯《げんとう》とか、そういう去り行く光じゃなくて、同じ場所から一定のタイミングで飛んで来る光が心地よくて。自分をこんなに安心させてくれる、あの光はなんだろうって」

なんと、失恋がきっかけだった。

「調べたら今はなき東京灯標という灯台で。海上にポツンとひとりで、船のため、人を無事に家に帰すために、何十年も光を放ってるんだ、と思ったら、もう人間の男性なんかよりも、よっぽど頼もしい存在だなと思っちゃったんですよね。どっか行っちゃわない人（灯台）のほうがいいなと。おかげで失恋がすぐに癒えたっていう」

思わず笑ってしまいそうになったが、そのぐらい灯台がしっくりきたということだろう。

「それから灯台を巡ったり、灯台グッズを集めたりして。灯台グッズ専門店で灯台ファンの集まりがあると教わって、その集まりで、灯台守をやっていた方に、戦後どういうふうに灯台を守っ

入場料300円で灯台に上がることができる。階段は99段

て来たかとか、そもそもいつから日本にあるのかとか、灯台史についても教えてもらいました」

そこから不動さんはさらにのめりこんでいく。

「私、光から入ったじゃないですか。だから塔というよりも、レンズが好きなんですね、レンズフェチなんです。ところが、灯台巡りをしている中で、前回訪れたときはレンズで光を放っていたのに、いつの間にかＬＥＤ（小さなＬＥＤ電球を複数つけた灯器）に代わっていたことがあったんです。ＬＥＤのメリットは理解できるけど、美しいレンズが失われてほしくなくて元灯台守の方に相談したら、灯台ファンが魅力を発信して灯台やレンズが評価されるようになれば、もしかしたら文化財としていくつかは残せるかもしれないとおっしゃって、そのときに、私にできることはフリーペーパーをつくって灯台ファンを増やすことだなと思ったんです」

不動さんが『灯台どうだい？』第１号を発行したのは、２０１４年２月１１日。今（２０２４年９月現在）は第３４号まで発行されている。

「何部ぐらいつくってるんですか」

「３０００部刷ってます」

「３０００部！」

ずいぶん経費もかかるはず。フリーペーパーにしないで、少しお金をもらっては？と思ったが、

灯台の入り口に設置された日時計

「スポンサーがいると、その人の顔色見ないといけないので」と不動さん。手弁当でそこまでやるとは驚きだ。

ところで、今話に出た「LEDになるとレンズが使われなくなる」とはどういうことかというと、灯台用のLEDはいわゆる電球のような姿をしているものではなく、特殊な形状をして

上）一番上の展望スペースからレンズを見上げる
下）灯台の内部から撮影したレンズ

いて単体で使われるため、LED化するときはレンズが不要となり撤去してしまうということらしい。※

※取材時の2023年12月時点の情報です。レンズと併用できるLED電球の実用も予定されています。

上）灯台と並び重要文化財の霧笛舎。大きな音を出して灯台の位置を知らせた
下）霧笛舎の内部。初代のレンズが展示されている

「LEDになる前は、光源は何だったんですか」

「現在でも大型灯台ではメタルハライド電球というものを使っています。それ以前は暖かみのあるオレンジ色の白熱電球でした。メタルハライド電球は真っ白な光なんですが、点灯したての時は緑色に見えますよ」

「緑色に？」

「はい。水銀灯の一種なので、5～6分かけて色が落ち着くんです。私はこの緑色の時間をエメラルドタイムと名づけています。やがて真っ白なダイヤモンドタイムに変わるんですが、私はエメラルドタイムが大好きなんです。犬吠埼は昼間、光源保護のためスクリーンが下がっていて、点灯前になるとこれが舞台の幕のように上がって、レンズが回転し、緑色に輝きだす。その時間が、ほんとにわくわくするの」

そう聞くと、私もその緑色の光を見てみたくなった。一方、不動さんがこだわるレンズの魅力とはいったい何なのだろう。

「レンズから放たれた閃光が水平線を走る姿がものすごくカッコいいんです。また灯台ごとに光る周期が違うため、レンズはサイズだけでなく、形状もさまざまに設計されています。

たとえば犬吠埼灯台は15秒に1回ピカッと閃光するのですが、千葉県の勝浦灯台は、20秒間に2回ピカッピカッと続けて閃光します。犬吠埼灯台のレンズはピカッと光らせる目玉のような面が4面あり、1回転するのに60秒かかるので15秒に1回ピカッと光って見えるわけです。でも昔はレンズを速く回転させられなかったから面

Architectural Appreciation

灯台の横にたたずむ白いポスト

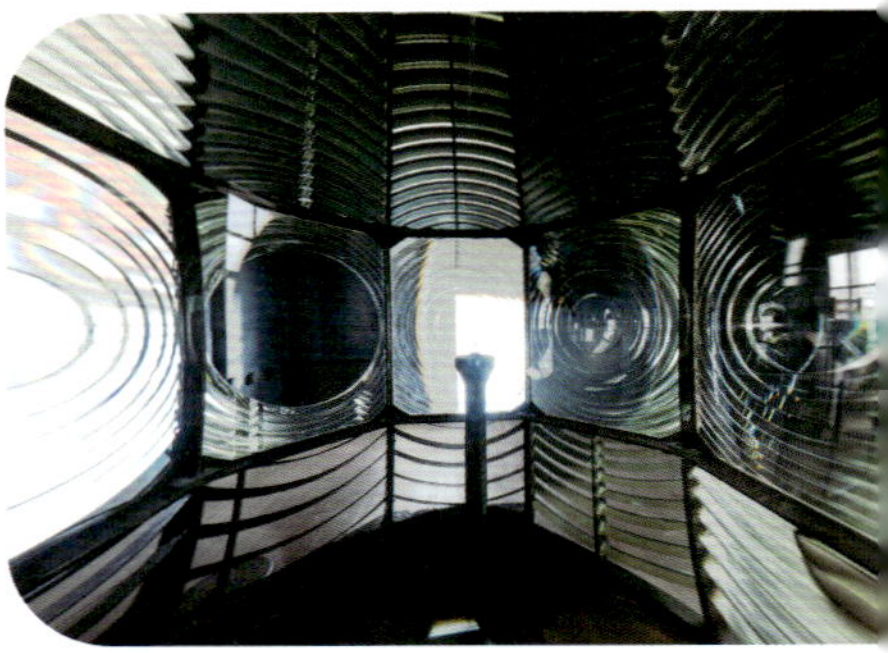

をたくさんつくりました。周期が長くなると船が光を見逃してしまうので。霧笛舎に展示してある初代のレンズは8面ありますよね。これなら回転に4分かかっても30秒に1回の光を届けられます。このようにレンズは形も美しいうえに、歴史を感じられて面白いんです。」

「光って、自分に向いたときしか見えないんですか？」

「近くからなら光が旋回するのが見えると思いますけど、何十kmも先だと、自分がいる方向に面が向いたときだけピカッと見えます。犬吠埼灯台は35kmぐらい先まで光が届きます」

犬吠埼灯台には展示資料室があり、かつて沖ノ島（福岡県）で使われていたという大きなレンズが展示されているので、それを見に行ってみる。

見た瞬間、私はその繊細な形に強い印象を受けた。集光性を高めるためだろう、いくつもの同心円が波紋のように広がっている。まるで切子《きりこ》硝子《ガラス》細工を見ているかのようだった。不動さんがレンズフェチになった気持ちが分かる。

発明したフランス人、オーギュスタン・ジャン・フレネルの名をとって「フレネルレンズ」と呼ぶらしい。

「フレネルがレンズを発明してから、ちょうど今年で200周年なんです」

上）犬吠埼灯台初代フレネルレンズの中身
円内）展示資料室にある沖ノ島で使われていたレンズ（不動さん撮影）

私は今まで、灯台の魅力は、断崖などにたたずむロケーションや、尖塔のようなデザインにあると思っていた。だがこうして話を聞くと、レンズが肝のような気がしてくる。

「レンズという視点で見たときの魅力的灯台はどこですか？」

「大きさを示す基準で一等のレンズ※を備えている灯台は日本に5基しかなくなってしまったんです。ここ犬吠埼と、角島《つのしま》、経ヶ岬《きょうがみさき》、室戸岬《むろとざき》、出雲日御碕《いずもひのみさき》灯台」

「それは一番大きい一等レンズじゃなきゃいけない場所なんですか」

「そうですね。いずれも明治期の灯台で、遠くまで光を届ける必要があったのでしょうね。ただ、GPSなどの航海計器の発達によって、灯台の必要性が低下しているところがあって」

「えっ、灯台が要らなくなってきてるんですか？」

「うぅ…それは否めません。ただGPSが狂うときもあれば、機器が壊れることもあるし、灯台がなくなっていいかっていうと、命がかかってるわけ

※最も大きい直径259㎝のレンズ

霧笛舎内部に展示されている、犬吠埼灯台初代フレネルレンズ

で。船乗りさんたちも灯台がないと安心できないっておっしゃるし」

まさか灯台がなくなる未来は想像したことがなかった。ファンでない私でも、灯台がなくなるのは寂しい。

「レンズのほかに見ておくといいポイントはありますか？」

「素材です。犬吠埼灯台はレンガでできてるんですよ。明治期の灯台って、レンガや石や鉄、木材で造られていました。それが関東大震災でたくさん倒壊して、その後は鉄筋コンクリートに代わっていくんです。日本はもともと灯台に不利な場所で、台風は多いし、地震は多いし、戦争もあったので、歴史的な灯台が残っていることは奇跡なんです。明治期から大正期にかけての灯台は個性豊かで面白いですよ」

17時ごろに点灯する。緑色に輝く美しいエメラルドタイム

「なるほど。だから文化財として認められるように、フリーペーパーを始められたと」

「そうです。灯台やレンズは年々数を減らしています。海外では灯台ファンが多く、レンズの美しさに価値を見出している人が多いので、レンズを撤去するというと地域から猛反対が起こることもあります。町のシンボルであり、観光資源として認められているんです。そのためＬＥＤとレンズの併用を目指した開発をしている国もありますが、日本では今後どうなるかまだわかりません。犬吠埼灯台も重要文化財になっていますが、レンズは指定されていないんです。だから私の次なる課題は、レンズも文化財に認めてもらうことです。あとは船舶免許を取ったので、海から灯台をめぐりたい。〝ファン〟から〝利用者〟になりたいんです。陸から見てるだけでは、本当の意味では灯台と目が合ってないわけなので」

不動さんの熱い灯台愛は、どこまでもつづいていく。

NAVIGATOR

不動まゆう Fudo Mayuu

灯台専門フリーペーパー「灯台どうだい？」編集長。灯台ファンを増やすため、世界各地の灯台を取材し自費で発行している。灯台愛に溢れる誌面はテレビ番組でも紹介され、ラジオ出演、新聞、雑誌での紹介も多い。灯台愛好会「ライトハウスラバーズ」に所属し、毎年「灯台フォーラム」を企画・運営する。「灯台」や「フレネルレンズ」の文化的価値を訴え、「１００年後の海にも美しい灯台とレンズを残す」ことを目標に活動の幅を広げ続けている。著書に『灯台はそそる』（光文社）、『灯台に恋したらどうだい？』（洋泉社）、『愛しの灯台１００』（書肆侃侃房）など。

Architectural Appreciation

12

送水口の健気《けなげ》さ

銀座六丁目すずらん通りにある、
交詢ビルの送水口。日本に4つ
しか残されていない古いタイプ。
つるりとした丸みが可愛らしい。

送水口といえば、高い建物の玄関横などで、銀のパネルに二つの丸い蓋《ふた》が付いている姿をよく見る。あるいは植え込みに立ち上がって先端が二つに分かれている姿とか。

消火活動の際、消防車のホースをつなぎ、上階などへ水を送る装置だそうだ。このおかげで、梯子車が届かない高さでも、放水活動ができるようになる。途中階にブースターポンプを設置すればどんな超高層建築でも消火が可能になるという、現代社会に必須の設備である。

その送水口にファンがおり、博物館まであるというから驚いた。今回はそんなファンの代表格、送水口倶楽部のＡＹＡさんに話を伺った。

かなりマニアックな趣味だと思うのだが、きっかけを聞くと、最初の記憶はもうないそうだ。

「実家が洗濯屋で、いろんな配管があったので、そういったものが嫌いではなかったんですけど、いつからというのは分からないですね。働き始めたころにデジカメが出て来て、何を撮ろうかなと思ったときに、気がついたらふつうに送水口を撮っていました」

いきなり送水口を撮るとは、かなり特殊な嗜好だ。

「高校生の時、高校まで10分ぐらい歩いて通ってたんですけど、そのときに（通学路沿いに）あった送水口は覚えているので、ほんとに人生とともにあって、いつからっていうのがないんですよね」

送水口のいったい何に惹かれたのだろう。

「なんかかわいいと思ってたんですね、きっと」

「ちょっと目のようにも見えるから、子どものときに、ロボットに見えたみたいなことですか？」

「そうですね。あとは、誰かが教えてくれたんでしょうね、こういう機能があるってことを」

「機能ですか？」

「ただのオブジェじゃなくて、建物を守ってる。梯子車とかだと50ｍぐらいしか届かないので、上に消防士さんが行って、そこからホースをつないで消すっていう仕組みになってるんですよ。だから高層階って、送水口がだめだとアウトなんですよね。それを担っているって考えると、なんてえらいんだろうって。いつも万全にしていなきゃいけないし、でもたぶん、ほぼ一生使わ

新橋センタープレイスにある、古い形の送水口

れないまま朽ちていくのがほとんどって、ああもう、なんて健気《けなげ》なんだろう」

ＡＹＡさんは、まるでアイドルに興奮する女子のように、身をふるわせた。

実はＡＹＡさんにはあらかじめ、質問を渡していたのだが、返答をわざわざ紙に書いてくださり、そこには自筆のかわいいイラストを添えて、《私にとって送水口は、登下校やさんぽでよく会う隣人のような存在です》と前置きし、《植木の中からこちらをのぞいていたり、ビルのすきまからけんめいに出てきていたり、並んで気合いを入れていたり、今はやりの擬人化とはちょっとちがいますが、そんなふうに「人格」を感じています》と書かれていた。

さらに『送水口大百科』という送水口博物館向けに制作した小冊子を見せてくれ、そこには街で見つけたたくさんの送水口の写真が並んでいて、それぞれに【異次元への出入口送水口】【天使の輪を持つ送水口】【チンアナゴ送水口】【宇宙人襲来型送水口】などと個性的なネーミングが施されていた。なかでも【宇宙人襲来型】は、自立した何本もの送水口の、先端の蓋部分がＥＴの目のように見えて、これはたしかに擬人化したくなると思ったのだった。

「こういうのを撮ってると、すごい不審者に思われたりします」

新橋駅近くにある新しく輝いている送水口

「わかります。だいたい路上観察系の人はみんな不審者に思われてますね」

「インターネットを使うようになっても、送水口の情報がまったくなくて、おかしいな、なんで何百万人もファンがいないんだろうな」

「いやいや、そんなにはいないでしょ」

「今どきこんなにも情報のないものがあるんだなと。検索すると、自分が書いた情報しか出てこない。しょうがないので、自分でサイトつくったんですよ」

「そうしたら隠れていたファンが……」

「今でも百万人ぐらい眠ってるんじゃないかなと思ってます」

「百万人はいないと思います（笑）」

「ただ理解してくださる方は出てきて、写真撮って送ってくださったり、あと結構近い感じでマンホールを撮る方たちが仲間になってくれたりしました。決して送水口のファンとは言ってくれない

右）新橋駅近くにある松長ビルの送水口
左）新橋駅近く・東京ビルディングの埋没型の送水口

んですけど、仲間に入れてくれました」
そうやって各地の送水口を収集するうちに、
「年季が入った送水口をいくつか見つけたときに、いつもそうした送水口にはロゴがついてるこ

上）博物館所蔵の送水口その1。特許番号の残る珍しい送水口
下）博物館所蔵の送水口その2。扇の形をしている

とに気がつきまして、これ、どこの送水口なんだろう、ってメーカーに目が向いたときに、村上製作所に行き着いたんです」

そこから村上製作所3代目社長で、現送水口博物館館長の村上善一氏との交流が始まる。村上さんにも話を聞いた。

「2014年に、マンホールを見たりしながら歩く街歩きのグループから、問い合わせがあったんです。丸にMのマークについて、御社のでしょうかと。そういうファンがいるんだと知ってうれしくてすぐメール返して、うちの会社に来ませんかって呼んだら、僕が知らない歴史をファンの皆さんがものすごくよく知ってるわけ。その人たちに、昭和のビルがどんどん再開発で消えていく、寂しいですと言われて、じゃあ、壊すときに自分が引き取って集めようと。で、ブリヂストンのビルが壊されたときにもらいに行ったら、熱意は分かった、あげるのはかまわないけど、君たちに渡すとその後どうなるんだと言われたので、ちゃんと多くの人に見てもらえるようにしますと約束して、約束した以上、博物館をつくったわけです」

送水口博物館が産声をあげた瞬間である。以来、AYAさんを含む多くのファンと村上館長の交流は続いている。

博物館所蔵の送水口その3。昭和6年に作られた最も資料価値の高いもの

「送水口にも時代ごとの変遷があるんでしょうか？」

と村上館長に尋ねると、

「もちろんあります。関東大震災以前は日本にひとつも送水口がなかった。震災で壊滅的な被害が出た折に、アメリカに視察に行ったら、こんな便利なものがあった、というのが（日本に導入される）きっかけだったと僕は考えています。で、当時の送水口は銅合金、青銅鋳物でできていた。これは大きな鋳造ができること、加工しやすい、さらに銅は粘っこいので破裂しにくい、錆《さ》びないことなどの利点がありました」

「最近の送水口は銅ではないですよね」

「ステンレスです。素材に強度があるから薄くつくれるので。博物館では主に昭和15〜45年ぐらいまでの、銅のものが集まっています」

「博物館で史料的価値が最も高いのはどれですか？」

「昭和6年のものです。これに触れる場所はもう残っていない。下にシルコックっていうのをつけて竪管の水を抜く仕組みになっています。日本では必要ないものですが、輸入当時はこれが残ってた」

「いまだ知られざる送水口などもあるんでしょうか？」

「それは謎で、探しているものはないんですが、全国のファンが散歩してるうちに、こんなのあったよとお知らせがきます」

「見たことのないメーカーのものが突然発見されることもあるんですか？」

送水口の昔の呼び名「サイアミーズコネクション」（SIAMESE CONNECTION）と書かれている

「あります。初めて見るメーカーロゴだったり、昭和初めのアルファベット表記や昭和中期のカタカナ表記のものなど様々見つかります。他にもそんな珍しいのが残っている可能性はあります」

AYAさんも、古い銀行やホテル、庁舎などに付いている送水口を見に、47都道府県を回っ

上）博物館所蔵の新しい送水口たち
下）歴史ある送水口を一覧できる

たという。

「県庁から市役所・区役所とか言い出したら、ものすごい数なんじゃないですか」

「福井ではほかに類を見ない感じの送水口が裁判所にあったんです」

　裁判所まで！

「静岡は県庁もすごいし、市役所もすごいんですよ。しかもこれはどこがつくったかわからない謎の送水口で」

「全部は回っていられないですよね」

「マンホールの人たちも全国に行ってるんで、お互いに情報を共有したり。この土地はもう2回目は行かないだろうなと思ったら、駅周辺の地図にマークしながら、この道は行っ

東京都港区新橋2-11-1 村上建物ビル5階にある送水口博物館の内観。オールド送水口が一堂に会している。開館日は毎週木曜日・隔週土曜日。入場料無料

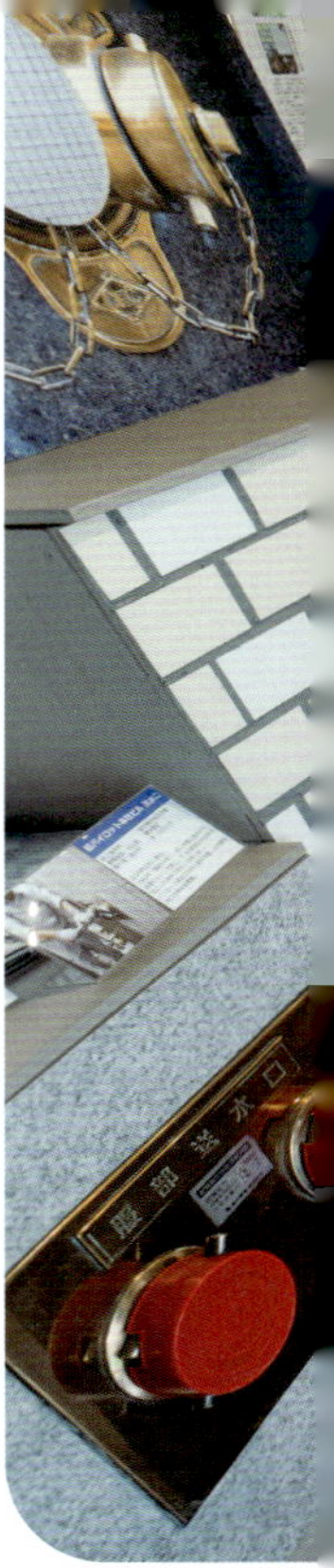

た、この道は行ったって、チェックしながら」

「それで、たまに、ええっ！　ていうのがあるんですか？」

「そうなんですよ。全然ここらへんにはないだろうなと思ってたところに。前にも愛宕神社（東京）に行ったときに、あったんですよ、神社って小高い丘にあったりするので、消防車が来られないようなところでは、昔は下から水を揚げていたようなんです（愛宕神社の送水口は現存せず）」

「山に登れないから、地面の下を通したわけですね」

「浅草の待乳山《まっちやま》にもすごいのがあって、そういったのがあると、ビルだけじゃなくて神社仏閣巡りもしないといけないなって気がしています」

送水口にどんな魅力があるのかと思っていたら、想像以上に深く謎に満ちた世界が、そこには広がっていた。

NAVIGATOR

AYA

東京都板橋区生まれ。送水口倶楽部管理人／送水口博物館調査員。全国各地の送水口を巡りながら、「送水口ウォーク」「送水口ナイト」などを開催し、送水口の役割や歴史、可愛らしさなどを広めるべく活動中。著書に『日本逸品送水口百選（上・下）』『送水口マメチシキ』『送水口大百科』『ソースイコのはなし』（いずれも送水口博物館にて販売中）。『街角図鑑』（実業之日本社）にて「送水口のなかま」を執筆。

Xアカウント：@sousuiko

Architectural Appreciation

13

配管の美と匠《たくみ》

銀座第3誠和ビル付近の配管。雑然としているようでいて、抽象画のような美しいコンポジションを見せる。

散歩をしていると、つい写真を撮ってしまう景色がある。私の場合そのひとつが配管である。込み入った配管になぜか惹かれる。自分でも魅力をうまく説明できないのだが、配管にこだわって写真を撮りまくっている人がいるのを知り、話を伺った。

その人は屋良《やら》信幸《のぶゆき》さん。配管のあるかっこいい風景を撮影し、自ら『都市空間における管路の形態』という写真集を制作している。

配管といっても、ガス管もあれば、雨樋や給湯管、排気ダクトなどさまざまだが、その用途にはこだわらず、とにかく管が縦横にはりめぐらされた景観が、屋良さんの琴線を刺激するそうだ。

「込み入った配管に魅力を感じる気持ちは、個人的にとても共感できます。いったい配管の何がわれわれの感動もしくは興奮を呼び起こすのでしょうか」

「さまざまな要素があると思います。諸条件を工夫してかいくぐった先に生まれる機能美であったり、意図してかどうかは分かりませんが、職人さん個々人のセンス・美学が鑑賞者の琴線に触れたり、などでしょうか。松花堂弁当のようにかっちり収まっているコンポジションとしての魅力を放つものもあれば、逆にごちゃごちゃしているのが味になっているものもあり、いろいろな評価軸があると思います」

「それはそこに美を見ているわけでしょうか」

「美と、匠《たくみ》というか味というか」

自分で尋ねておきながらなんだが、なかなか答えにくい質問であろうことは承知している。

屋良さんは、初めて配管に出会ったときのことを、十数本の配管が並列している写真に添えて、こう書いていた。
《この現場に立ち会った時には、これはすごいものを見た、と、思い、思わずシャッターを切った。その一方で、なんでこれを撮ったのか、と聞かれると、だって、管がたくさん並んでるか

新橋周辺の配管。表通りではなく、裏通りにこそ配管が潜んでいる

新橋の駐車場の配管。特徴的なダクトのうねりが綺麗

ら、としか答えられない。これ、かっこいいと思わない？　反復する形態には何かと弱い。建物の柱がずーっと並んでいたりとか、なぜかそういうものに弱い。なぜかと問われても理由などない。《No Reason》

その写真の配管はたしかにかっこよかった。そして、かっこいいと思う気持ちに理由などないと屋良さんは断言している。それなのに、理由をしつこく尋ねてしまうのは私の悪い癖だ。

「私自身もそうなのですが、大前提として、線的なものに惹かれるみたいな気持ちがあるんじゃないかと」

「それはたぶんあると思いますね。もともと私は電気工学科を出ていまして、電気回路図とか好きではありましたね。配線とか回路とか」

「抽象画っぽいですよね」

と編集のSさん。

「抽象画っぽいところもあれば、静物画みたいなきれいな配置というか、コンポジションとしての魅力もありますね。そういう意味では美を見てるんでしょうね。美と匠の職人技を見てる」

「職人技というのはどのへんでしょうか」

「それぞれ電器屋さんと水道屋さんとガス屋さんが別々のタイミングでやってるわけでしょ。それが最終的にできあがった形態が調和してるという面白さがあって」

「逆に調和してないのがいいみたいなこともありそうです」

「そういうのもありますね。ガチャガチャしてそれがいいという」

「工場の配管などもお好きですか」

「興味がなくはないですけど、もうやってる方がいらっしゃいますよね。それに（私は）どこかを目指して行くというより、ふらっと歩いて、こんなところにこんなのがあったというのが好きなんで、趣旨が違うというか、普通は入れないところに行かないと見ることができない配管ではなくて、街を歩いていてヒューマンスケール、グラウンドレベルで見ることができる配管を追いかけています。（写真集に）『都市空間における管路の形態』という表題をつけているのもそのためです」

あらためて『都市空間における管路の形態』を見てみると、国内外の都市の配管が掲載されているページがあって、これが面白い。

たとえば京都のガス管は、ガスメーターが屋根に近い高い場所や、逆にやたら低いところにあったりして、イケズしているかのようであったり、熱海はメーター直前でなぜか配管が曲がっていたりする。

「街ごとの違いや、その街に特有の配管を見ることができると喜びます。温泉街の源泉、配湯だったり、あるいは雪国には各戸に灯油タンクがあったり」

なかでも私がとくに驚いたのはクアラルンプールだ。水道管が建物の壁面ではなく、地面から突然ニョキニョキと生えているのである。

「これは衝撃でした。検針する人の利便性なのかなんなのか。日本で言う銀座のような大都会の歩道の脇とかに生えているんです」

それに対し、ヨーロッパの多くの街では配管そのものがあまり見当たらないという。

「電柱すらないですからね。地中化してるから。そう考えると新興国の、取り急いでインフラつくりましたみたいなのはすごいですね。電柱が電線でわちゃわちゃになってたりしますからね」

たしかに電柱や電線にも、国ごと、地域ごとの違いがありそうだ。

飲食店の煙を逃がす配管

「総じて日本で見る配管は几帳面ですね。見せられるものをつくってる感じがします」

というわけで、屋良さんといっしょに街を歩いてみることにした。屋良さんが選んだ場所は、

上）新橋の駐車場で見た配管。白地の壁がお洒落　下）窓を避けて伝う配管

山手線の新橋駅界隈である。住宅街より繁華街のほうが遭遇できる確率が高いそうだ。

最初に連れて行ってくれたのは、首都高速脇のビルの裏側だった。ほとんどの場合、配管はビルの正面ではなく裏側にあると屋良さん。給湯器とエアコンの室外機が並ぶ上に排気ダクトがビルの上まで伸び、その整然とした並びがかっこいい。

さらに烏森神社の参道入口でも、ビルの壁を整然と這《は》うナイスなダクトを見た。

「ここは参道になっているおかげで、ビルの側面がよく見えますね」

と言うと、

「そうですね。都市の裂け目のところに内部が見えている。ここに断層が開いてるというふうにとらえています」

なるほど断層という言葉はわかりやすい。

「どこを探せば見つけやすいとかコツみたいなのはあるんですか」

「それはもう裏通りです。あとは解体現場とか再開発とかあると見ますね。やっぱり隠すものなんで。ビルとビルのすき間とか覗《のぞ》くと、見えるんですけど、クリアランスがないから写真撮

飲食店の煙を外に出すための配管

れないことも多い。それが隣が取り壊されたりすると撮れるから」

また、ここ十年ぐらいは、老朽化して取り壊されたビルの跡地にコインパーキングが増えてきて、穴場なのだそう。建物がなくなったことで、両サイドと奥にある配管が見えるようになると屋良さんは言う。

「意外とコインパーキングで見えるんだなと気づいたのは最近ですね」

並ぶガスメーターが可愛い

たしかに歩いてみるとコインパーキングがあちこちにあり、うまいぐあいに配管が見える。それでも、あるパーキングでは、いい感じに見える配管が駐車された車に隠れてしまっていた。

「これはコインパーキングあるあるですね。自転車だったりすると、勝手に動かして撮影できることもありますが」

と残念そうな屋良さんだった。

「繁華街じゃなくて、住宅街で探すときは、何を手掛かりに探すんですか」

「やっぱり基本は裏通りですね」

「戸建てより、アパートやマンションがいいんでしょうか」

「マンションは小さめのがいいです。メジャーなゼネコンがつくったマンションじゃなくて」

鳥森神社の境内入口。換気のためのダクトが壮観

大きなマンションだと配管が表に出ないように設計されている場合が多いのだという。

「たくさん撮られてるなかで、とくにこういうのが好きというのはありますか」

「室外機なんかにも近いものがあると思うんですけど、同じような形態のものが集合しながら離合集散してるようなのとか面白いなと思います。横に一直線に並べてもよさそうな（ガスメーターな）のに、遊び心なのか、操作が干渉するからか、（あえて上下にずらしているのとか）面白いなあと」

自分も好きなせいか、ものすごく共感してしまった。今後は今回もらったヒントをもとに自分もいい配管を探してみようと思う。

「今後はどのような活動をしていきたいと考えていますか」

「街や国ごとの違いを多く見つけたいです。可能だったら、特徴的な配管の工事をした職人さんに、なぜこうしたのか聞いてみたいものがいくつかあります。2020年に自費出版的な本を制作しましたが、別の観点でまとめた本も制作したいと思っています」

NAVIGATOR

屋良信幸 Yara Nobuyuki
1980年生まれ、大分県出身。会社員の傍ら、配管を追い求める日々を過ごす。日本各地、欧米などを練り歩き、3000枚の配管の写真を撮ってきた。著書に『都市空間における管路の形態』がある。

Architectural Appreciation

14

庁舎建築と人々の思い

東京都 中央区役所本庁舎

APPRECIATION

東京都 中央区役所本庁舎

所在地は東京都中央区築地一丁目1番1号。佐藤武夫の設計で1969年に竣工した。敷地面積は3,600㎡、六角形の平面形状の建築。茶褐色の有田焼タイルが張られた外壁が美しい。

熊本在住の西本《にしもと》志織《しおり》さんは、県庁舎や市庁舎、公民館などの建築に強く惹かれているという。庁舎にいったいどんな魅力があるのだろうか。建築素人の私には地味なイメージしか思い浮かばない。そこで今回は東京都の中央区庁舎を鑑賞しながら、話を伺うことにした。

　新富町の駅前、高速道路沿いに建つその庁舎は、周囲の建物とは雰囲気が違い、こげ茶色のどっしりとした姿が印象的だ。

「庁舎と聞くと、四角いコンクリートの建物といった印象しかなくて、この中央区庁舎もなんだか重苦しい感じがします」私は正直な感想を口にした。

「日本の首都である東京の中央区役所ってどんなんだろうと思ったら、どーんていうあれが建っていたので、びっくりしたんです」

「東京に長年住んでいますが、初めて見ました」

「ピカピカの建物もいいんですけど、日本を代表する建築家が設計したあんな建物がこの場所に建っているというのがすごいな、と。東京はどんどん建て替わっていくので。高度成長期の建物で残ってるのはわずかなんですが、そのひとつが銀座や日本橋を抱える中央区。まっ先に建て替わりそうなのに」

「高度成長期の建物がいいんでしょうか？」

「戦後の1950年代から70年代ぐらいのが好きです」

「まだ生まれてないですよね」

「そうですね。ギリ生まれたぐらい。'70年代生まれなので」
「どのへんに惹かれるんですか。その時代へのノスタルジーでしょうか？」
「その時代はまだ物資も技術も十分ではなかったんですけど、役所とか駅って一番に復興しないといけないので、資材がないなかがんばってつくったっていう感じがあって好きなんです」

横から見ると、六角形の形が分かりやすい

「そういう健気さみたいなものに惹かれているわけですか?」

「そうですね。日本が一番がんばったときですよね。そのときの勢いが見えるというか。旅行に行くといつも庁舎に立ち寄るようにしているんですが、明治や大正期のものは残されることも多いのに、昭和のものはどんどん壊されてなくなってしまうので、そういうのを見ていきたいなと

上）区役所の裏には2本の門柱が立っている
下）角にベランダ

思って」

「たしかに明治の建築に比べたら、特徴が分かりにくいかもしれないですね」

「（庁舎は）その土地の出身者が建築家になってつくってたりするんです。その人は郷土の誇りなんですね。そういうことを調べていくと、いろんなことが分かるんです」

「歴史を見ているわけですね」

「歴史と人の営みです。役所は地域をつくるところだし、人が集まるので」

「旅行中は区役所とか市役所のほかにも、公共の建物を全部見ていくんですか、裁判所とかも」

「裁判所は見ません。主に県庁舎と市役所と国立大学」

「町の公民館とかは」

「見つけたら見ます」

「郵便局とか」

「郵便局も大好きです。商業建築もいいんですけど、やっぱり公《おおやけ》に開かれた、人がいっぱい出入りできるように設計された建物が好きなんですよ」

「図書館とか、体育館とか」

「図書館も好きです。体育館ももちろんいいですね。駅舎も大好きです。あと農協ですかね」

「農協？」

「農協はしぶいんです。庁舎よりももっと分かりにくい、のっぺらぼうな建

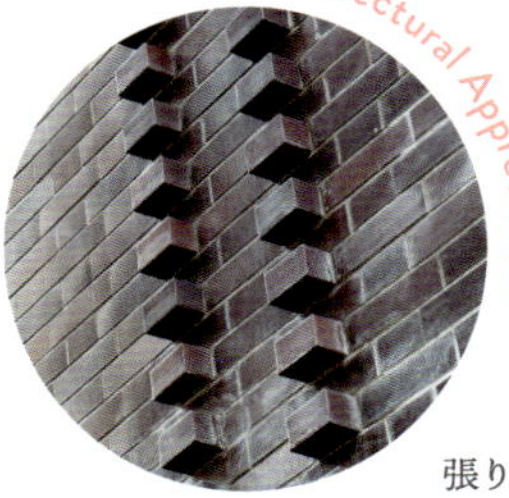

Architectural Appreciation

張り出したタイルにこだわりが見える

物ですが、農協専門のマニアの方もいるんです」

商業建築に比べて公共の建物は、私にはつかみどころがない印象がある。今回西本さんに話を伺ったのも、それに惹かれる理由が知りたかったからだが、農協はさすがにマニアックに思えた。どうやら公共建築鑑賞の世界も奥が深そうだ。

「こういう建物がいいと最初に思ったのは、どんなきっかけだったんでしょうか」

「大阪に出張に行ったときに、淀屋橋で、芝川ビルっていう大正時代の商業ビルを見てびっくりして。街の中に昔のビルがあるって、すごくかっこいいと思って、そこからです」

「公共じゃないですね」

円内）趣のある看板
下）中央区役所の向かいに建つ銀座ブロッサム（中央会館）。設計者は同じく佐藤武夫。1973年度竣工

「そうですね、公共じゃないんですけど、建築ってすごいと思って。そこにあるだけで、そこが何の場所だったかをずっと掘り下げられる。なんでここにこれがあるのか、誰がつくったんだろうって調べていくと、そのエリア一帯が昔何だったかも分かる。本じゃないけれども、建ってるだけでいろんなことを伝えてくれるんです」

「なるほど、言われてみれば歴史の生き証人みたいなものですね」

「あと、保存しようとしてる人たちの苦労を思いますね。誰からも頼まれてないけれど、先祖が一生懸命つくったものをお金をかけて守っているというのがいいんです」

「で、淀屋橋の芝川ビルを見てから、あちこち行ってみようと」

「はい。まず地元熊本で見て。いろいろ見ていくうちに好きなのは高度経済成長期の建物だってことに気づいて、そういうのは東京や大阪に多く残っているから、全国に見に行くようになりました」

「今まで何カ所ぐらい行きましたか」

「数えきれないぐらい。東京から西がほとんどですけど」

「一番よかった庁舎はどこでしょう」

「ベストワンは広島県庁です。'56年に建てられた建物で、つまり被曝して11年後にはもう竣工してる。当時、まわりは焼野原だったわけですよね、そんななか、お金もないのに、こんな（大規模な）のを建ててる。広島の人たちの、つくらなきゃいけないっていう思いを感じます」

盛り上がったタイルがかわいい

中央区庁舎でも広島県庁でも芝川ビルでも、西本さんは、そこに人々の思いや誇りがあることを強調する。

「デザインというより意気込みに惹かれるんですね」

「デザインもです。広島県庁に青いタイルが張ってありますよね。タイルって当時流行《はや》った装飾で、全部手焼きなんですよ」

今はくすんでいるが、復興間もない街でこの青いタイルを見たら、なるほど明るくて印象深かったかもしれない。

「当時の人たちにとっては自分たちを勇気づけてくれた建物だったのかもしれませんね」

と編集のSさんが言った。

西本さんが自作のフォトブックを見せてくれた。「庁舎建築」と題されたその小さな本には、全国の庁舎の写真がぎっしり詰まっていた。

「宇部市庁舎とか、なんてことないデザインに見えるんですが」

失礼とは思いながら、そう質問してみる。

「これは横にシュッってしてて真ん中に塔屋があって」

「〝横にシュッ〟がいいんですか」

「〝横にシュッ〟は戦後の建築の基本ですね。ガラスの窓がずっと連なってる形がきれいで」

そう言われてみると、フォトブックに載っている庁舎の多くが横にガラス窓が連なるデザインだ。

「香川県庁もいいんです。丹下健三の設計で、猪熊弦一郎のアートもあって、国の重要文化財になっています」

香川県庁は表紙になっており、多重塔のように屋根が重なる姿は確かにインパクトがある。

「ロビーと外部の区切りがないように設計されてて、誰でも入って来られるんです。市民に開くんだってことで設計した先進的な建物で、日本中の庁舎がこれに倣って設計されました」

「これも〝横にシュッ〟ですね」

「はい。大分県庁もいいですよ。横の壁の面がのっぺりしすぎるから、彫刻家が入って模様付けたっていう。ここも免震工事をして、永久に使いますって決めた庁舎ですね。県民が誇りにしていて、この建物は街に必要だから残

広島県庁舎。設計は日建設計（西本さん撮影）

すっていう決断をしている。県民の願いが籠もっている街の顔なんです」

たしかに地元の人々の思いを想像すると、応援したくなる気持ちは分かる。

一方で私は、〝横にシュッ〟という表現が気になっていた。そしてこのころになって遅ればせながら気づいたのだが、西本さんが好きなのはいわゆるモダニズム建築なのではないだろうか。

案の定、東京の建物の話になると、

「東京で一番好きなのが、池袋駅西口の東武百貨店なんですけど、窓がいっぱいあって、水平で連続して左右対称で、鉄とガラスとコンクリートでつくるっていう戦後日本で流行したモダニズム建築で、すごくかっこいいと思って見てます。ここにしかない」

と言ってやはりモダニズムなのだった。後で知ったのだが、香川県庁は日本を代表するモダニ

香川県庁舎東館。設計は丹下健三（西本さん撮影）

ズム建築であるらしい。

ただ西本さんらしいのは、デザインだけを見ておらず、市民の気持ちを常に想像しているところだ。東武百貨店についても、

「（戦火で全焼してしまった街に）駅を早くつくらなきゃいけないというので、コンクリートがない時代に一生懸命復旧した建物だったんです」

と付け加えるのを忘れない。

好きな建築家は坂倉準三で、ル＝コルビュジエの影響を受け、東京日仏学院や新宿駅の西口広場、小田急百貨店などを設計した人だそう。

また同時代の建築家で、熊本に二つの作品を遺している前川國男も大好きとのこと。

その魅力を訊《き》くと、手が込んでいるところ、と答えが返ってきた。西本さんの眼差しは、モダニズムを突き抜けて人間の矜持に向けられているようだった。

NAVIGATOR

西本志織 Nishimoto Shiori

「熊本ビル部」というプロジェクトを立ち上げ、主に1950〜1980年代のモダニズム建築を愛してPRする活動を展開している。SNSを通して情報を発信するほか、自費で紙媒体のプレスを制作・発行し、書店などで無料配布している。

ホームページ：https://kyokac.wixsite.com/mysite/about-me

Architectural Appreciation

15

公衆トイレを平熱で

千代田区外濠《そとぼり》公園（法大前）便所

APPRECIATION

千代田区外濠公園（法大前）便所

東京都千代田区の公衆トイレ。所在地は東京都千代田区富士見2丁目17-1。JR中央線の飯田橋駅付近から四ツ谷駅付近の間にかつての江戸城外濠が残る。千代田区側にあるのが桜の名所でもある外濠公園。このトイレは2021年に改修されたばかりの新しい建築。外壁に張られたタイルが美しく、筒状の躯体は写真映えする。

散歩が趣味で、飽きが来ないよう毎回違う場所を歩くようにしている。そんな私にとって、トイレの問題は重要である。スーパーやコンビニが途中にあればいいが、ない場合は公園のトイレを利用することが多い。ただ、そういうトイレの半分ぐらいは清潔とは言い難く、あまりよい印象をもっていない。

そんな公衆トイレを撮り集め、インスタグラムにアップしている人がいると知って、興味が湧いた。淡々とトイレの外観写真をアップし続けているというのである。その人は中村英史《なかむらひでふみ》さん。

いったい公衆トイレの何に惹かれているのか、話を聞いた。

「なぜトイレを撮り続けておられるのでしょうか」

「インスタをやってみようと思ったときに、何かテーマがないとキツいなと思って、トイレにしました」

と中村さん。

「トイレの何に惹かれたんですか」

「たまたま以前からうっすらと興味があったんで。ただ始めたときは、実はそこまで惹かれてもなくて、逆に若いころは街のトイレとか見ると嫌な気分になるというか、統一感もないし、もっとオシャレにすればいいのに、と思っていたんですけど、やりだしてからだんだん面白くなって」

「意外にオシャレなものもあるなと気づいたわけですか」

「いえ、凝ったのやシャレてるのがあるというだけじゃなくて、仮設トイレみたいなやつでも、いいなと思えるようになって」

驚いた。

「仮設トイレのどこがいいんですか？」

思わず反射的に尋ねると、

「周りの風景も関係するというか、それを含めた雰囲気、たたずまいですね。なのでトイレがあったときは、基本的にNGにすることはなくて、全部撮ってます」

「外観も普通で、うす汚れてて、中に入りたくないな、みたいなトイレもOKですか」

「OKですね」

どんなトイレでも撮る。それは考現学のような資料的価値を考えてのことなのかもしれない。だが、話を聞いていくと、それともまた違うようだった。

「みうらじゅんさんが好きで、あるときB級映画をつまらないと思えばつまらないけど、そこがいいんじゃないと思えば、面白くなるって言ってて。それを聞いて以来、なるべくダメと言わないようにしてます」

なるほど。その心理は理解できなくもない。

「あと、コレクションしたいという気持ちもありますね」と中村さん。

集めているうちに、集めること自体がだんだん喜びになってくるというのは、コレクターによくある心理だ。

「東京中のトイレを網羅してやろうという気持ちですか」

「そこまではないですね、すごい数あるから」

さらに中村さんは、自分でも自分の気持ちをうまく説明できないというように、言葉を選びながら、

「やりながら気持ちも変わってきていて、最初はインスタ自体が面白くて、アップしたらいいねしてくれる人がいて、フォロワーが増えてっていうのがあったんですけど、やってるうちに、知らないトイレと出会ったときの、おおっ、ていう喜びが一番になってきて……」

「それは変わったトイレとか、こんなアイデアのトイレがあるのか、っていう発見が面白いということですか」

「それもありますし、まわりとのかかわりで、情景としていい、っていうのもありますし」

「トイレはどうやって見つけるんですか」

「トイレを探すためだけに歩いたことは少なくて、移動中に出会ったものを撮ってます」

話を聞いていて感じるのは、中村さんの公衆トイレへの情熱は、かなり〝平熱〟に近いということだ。これまでに話を聞いてきた建築好きの鑑賞家たちは、対象について何でも知りたい、全部見たい、という熱い人が多かったが、中村さんは淡々と話すタイプで、動機や背景を尋ねてもまるで、そんなの深く考えたこともない、というふうである。でも、それはそれで私には理解できる気がした。ライフワークとして情熱的に打ち込むほどではないが、なんとなくやってしまうことってあると思うのだ。

「これまでどのぐらいのトイレを撮影されたんでしょうか」

「インスタの写真が４４８カ所かな。ほぼそれが全部です」

「見た人からの反応はどんな感じですか」

Architectural Appreciation

上）4つの円柱とガラスが印象的　下）車道側からも入ることができる
円内）高低差がある場所に建っているので出入口に階段がある

「特にこれといってないんですけど、ときどきこんなのがあったよって写真を送ってくれる人がいます」
「インスタを見ると、海外の方からもコメントがありますね」
「フォロワーの8割以上は外国の方ですね」

千代田区立牛込見附公衆便所。桜のステンドグラスがかわいい

なんと。なぜそんなに多くの外国人が日本の公衆トイレに興味をもっているのだろう。

「どうして海外の方が多いんでしょうか」

「なんでしょうね、ちょっとわからない」

「どこの国の方が多いですか」

「台湾、かな。でもヨーロッパやアメリカの人もいます。たぶんアメリカのおばさんだと思うんですけど、いろいろ質問してくる人がいて、このトイレのここに付いてるのは何なんだ、とか」

「その方もトイレ好きなんでしょうか。同じようにインスタやってるとか」

「ないですね」

ふしぎだ。もしかして世界には日本のトイレマニアがいるのだろうか。

「トイレマニアだけじゃなくて、建築関係の方もいるみたいです」

そういえばヨーロッパには、街に公衆トイ

こちらも牛込見附の公衆便所だが、新宿区立。スタンダードなデザイン

もしれない。

レが少ないと聞く。これほど公衆トイレが多く存在していること自体が、日本独特のことなのか

「今後は海外のトイレも撮りにいこうとか考えますか」

「いや、それはないですね」

「では、今後こうしていきたいという野望は何かあるんでしょうか」

するとと中村さんは困った顔で、

「んー。一度海外から――スペインだったかな、本にしないかって話があったんですが、やりとりも面倒だし、一部お金を出せば売れたときにこっちにもお金が、みたいなのも面倒くさいんで、写真使っていいからそっちで勝手にやってくれって言ったら、本になって送られてきました」

なんて欲のない人なんだ。

その本を手に入れたいと思ったが、もう売り切れたようだ。写真を見せてもらったら、はがき大のスタイリッシュな本だった。

「日本でも本をつくって売ったりしないんですか」

「そういうお誘いもあったんですが、面倒なんで」

なんだか可笑しくなってきた。ふつうは撮影にかかる経費を少しでも回収しようとか考えそうなものだが、中村さんはこの欲のなさ、熱の低さで、４５０カ所近いトイレを丁寧に撮影し、インスタグラムに写真をアップし続けているのである。そういう好きになりかたもあるのだ。

「今までで一番衝撃的だったトイレはどれですか」

「日光の輪王寺にあるトイレですかね。デカい樹に囲まれて、トイレなのに参道みたいなのがついてて」

写真を見せてもらったが、お社のような珍しいデザインではあるものの、ちょっと面白みがわからなかった。一方で、

新宿区のストックヤードの隣の公衆トイレ。埋没型

「切株型のトイレを見つけたときはびっくりしましたね」

と言って見せてくれた写真はたしかに面白かった。巨大な切株の形をしたトイレは、ちょっとファンタジーの世界を彷彿させる。1カ所ではなく、各地にあるらしい。

さらに中村さんは、バタフライと愛称で呼んでいる東京・杉並区のV字屋根のトイレが気になると教えてくれた。杉並区の定番トイレだそうだ。

「同じ形でも色とか絵が違うんで、その違いを見ていくのが面白い。これは、無くなる前に全部撮っておきたいと思ってます」

珍しく前向きな情熱が感じられた。

東京都杉並区立井草森公園の公衆トイレ。バタフライ形の屋根

「インスタを始めてみて見方は変わってきましたか」

「そうですね。昔はダサいなと思っていたデザインが、逆によくなってきました。文京区（東京）なんかは、どんどん格子状の木のデザインで統一されてきていて、昔はそれを願っていたのに、あんまり統一されるとちょっと……。今は逆にとんでもないデザイン、場所にフィットしていなかったりすると、面白いですね」

そういえば先だって公開された映画『PERFECT DAYS』に、東京のユニークなトイレがたくさん出てきた。

「ご覧になりましたか」

「いや、観てないです。あれはあれですごいと思ってるんですけど、特に意識もしてなくて」

どこまでも平熱の中村さん。これまで熱いマニアックな人たちばかり見てきたが、こういう温度の好きがあってもいい。建築を見て楽しむには、高いハードルは必要ない。そんなことを思ったのだった。

NAVIGATOR

中村英史 Nakamura Hidefumi

カメラマン。1998年に独立し中村写真事務所を設立。カタログ用の商品撮影や雑誌の広告写真、建築写真などジャンルを問わず撮影。趣味のインスタグラムで「トイレのある風景」の写真の投稿を続けている。最近の趣味は園芸。

インスタグラム：@toilets_a_go_go　ホームページ：https://nakamura-photostudio.com/

あとがき

事の発端は団地だったような気がする。

もう十年ほど前になるだろうか、近年、団地好きな人が増えているという噂を耳にして、ずっと不思議だなあと思っていた。

昭和生まれの著者にとっては、団地といえば懐かしいものではありつつも、あまりに見慣れ過ぎて魅力を感じるものではなくなっていたからだ。

さらにその後、ビル好きな人も増えていると聞き、どんなビルかと思えば、昭和の頃に建てられたビルだというから驚いた。

これも団地と同じで、懐かしさはあっても、著者には、もはや時代遅れなものという印象しかなかった。団地やビルのいったいどこに惹かれる要素があるのだろうと、疑問はますます深まるばかりだった。

そんな折、団地やビルを深く愛好する人たちと知り合う機会があり、話をするうちに、建築の世界には、他にもマニアックな対象を愛好している人がたくさんいることを知った。団地やビルだけではなかったのである。

自分には思いも寄らなかった世界をひとつひとつ紐解くつもりで、彼らに会った。そんななかで、はじめは共感することはなさそうに思えた対象に、自分にもピンとくる要素が紛れていることが見えてきたのは驚きだった。先入観を覆されることもしばしばで、読んでいただければ、著者がいかに狭い価値観にとらわれていたかわかってもらえるだろう。著者は何もわかっていなかった。

そして気になるモノを見つけてしまったときの人間の行動力にも、目を見張らされた。

本書は雑誌『建築知識』で約1年半にわたって連載した記事をまとめたものだ。連載時は編集の佐藤美星さんに大変お世話になった。写真家の傍島利浩さんには難しい対象を見事な写真にしていただき、おふたりには感謝の言葉も見つからない。そして快くインタビューを引き受けてくださった鑑賞家の皆さん、撮影に応じてくれた現地建築関係者の皆さまにも、この場を借りてお礼申し上げます。ありがとうございました。

宮田珠己

Special Thanks!

取材にご協力いただいたナビゲーターの皆様

秀和レジデンス　～～～　haco様

団地　～～～　小林良様

室外機　～～～　八馬智様

テラゾー　～～～　瀧亮子様

吹き抜け　～～～　大山顕様

小屋　～～～　遠藤宏様

キャバレー　～～～　西村依莉様／ポルカ社

ゲタバキ団地　～～～　けんちん様

いいビル　～～～　BMC
（高岡伸一様・阪口大介様・井上タツ子様・
川原由美子様・岩田雅希様）

エスカレーター　～～～　田村美葉様

灯台　～～～　不動まゆう様

送水口　～～～　AYA様

配管　～～～　屋良信幸様

庁舎建築　～～～　西本志織様

公衆トイレ　～～～　中村英史様

Profile

著　宮田珠己（みやた・たまき）

1964年兵庫県生まれ。作家・エッセイスト。『ときどき意味もなくずんずん歩く』『晴れた日は巨大仏を見に』（ともに幻冬舎文庫）、『いい感じの石ころを拾いに』（中公文庫）、『路上のセンス・オブ・ワンダーと遥かなるそこらへんの旅』（亜紀書房）、『明日ロト7が私を救う』（本の雑誌社）など紀行エッセイを中心に、日常エッセイ、書評や小説なども執筆。『ニッポン47都道府県正直観光案内』（幻冬舎文庫）で第14回エキナカ書店大賞を受賞。

写真　傍島利浩（そばじま・としひろ）

1965年大阪府生まれ。1991年より藤塚光政に師事。1996年よりフリーランス。建築、インテリア、プロダクト、アート、人物を中心とした雑誌、広告、竣工写真などを手がける。2006年、株式会社プンクトゥム設立。共著に『奇跡の住宅 旧渡辺甚吉邸と室内装飾』（LIXIL出版）、『東京の名駅舎』（草思社）、『東京名建築さんぽ』（エクスナレッジ）、『日本の不思議な名建築 111』（エクスナレッジ）などがある。

宮田珠己の楽しい建築鑑賞

2024年11月5日　初版第一刷発行

著者　宮田珠己

写真　傍島利浩

発行者　三輪浩之

発行所　株式会社エクスナレッジ
〒106-0032 東京都港区六本木7-2-26
https://www.xknowledge.co.jp/

問合せ先
編集　TEL:03-3403-1381
FAX:03-3403-1345
info@xknowledge.co.jp

販売　TEL:03-3403-1321
FAX:03-3403-1829